Kristina Scherer

111 Geschäfte in der Region Saar-Lor-Lux, die man erlebt haben muss

111

Mit Fotografien von Frank Siegwarth

emons:

Bibliografische Information der Deutschen Nationalbibliothek
Die Deutsche Nationalbibliothek verzeichnet diese Publikation in der Deutschen Nationalbibliografie; detaillierte bibliografische Daten sind im Internet über http://dnb.d-nb.de abrufbar.

Gestaltung: TIZIAN Books, nach einem Konzept von Lübbeke | Naumann | Thoben
Covermotive: © iStockphoto.com/lenta, iStockphoto.com/wragg
Lektorat: Monika Elisa Schurr
Redaktion: Constanze Keutler
Satz und digitale Bearbeitung: Gerd Wiechcinski
Kartografie: altancicek.design, www.altancicek.de
Kartenbasisinformationen aus Openstreetmap,
© OpenStreetMap-Mitwirkende, ODbL
Druck und Bindung: Grafisches Centrum Cuno, Calbe
Printed in Germany 2015
ISBN 978-3-95451-620-9

Vorwort

Blätterwerke über Geschäfte existieren viele. Sehr viele. Allerdings fast ausschließlich in Form von Werbebroschüren oder PR-Magazinen mit stundenlang bearbeiteten Werbefotos.

Für dieses Buch wurden in einem rund einjährigen Mammutprojekt alle ausgewählten 111 Unikate und ihre Inhaber von uns aufgesucht und authentisch in Wort und Bild porträtiert. Es erwartet Sie eine Mischung aus Kulinarischem, Künstlerischem, Kleidsamem und Kuriosem für jedes Geschlecht, jede Generation, jeden Geschmack und jeden Geldbeutel.

Der Fokus des Buchs liegt auf dem Saarland. Daneben können Sie einige Juwelen aus Luxemburg, in der angrenzenden Pfalz und Lothringen auskundschaften. Wie bei den übrigen Reihentiteln wurden allseits bekannte Geschäfte ausgelassen und Geheimtipps aufgespürt. Wenn Sie doch einzelne größere Läden auffinden, dann deswegen, weil sich das Innovative in ihren Räumen etablieren kann und die Betreiber viel Herzblut in ihr Tun fließen lassen. Neben Traditionshäusern und Familienbetrieben stoßen Sie etwa auf Hofläden, Manufakturen, Ateliers junger Künstler oder Läden mit besonderen Konzepten.

In unserer schnelllebigen Konsum- und Onlinegesellschaft unterliegt die Geschäftswelt starker Fluktuation. Zum Zeitpunkt der Drucklegung waren die Pforten aller vorgestellten Geschäfte geöffnet.

Kurz bedanken möchten wir uns bei Constanze Keutler und Monika Elisa Schurr für die stets unkomplizierte, zuverlässige und inspirierende Zusammenarbeit und last but not least dem Emons Verlag für diese vorzügliche Buchreihe; wir freuen uns, ein kleines Steinchen im großen, kunterbunten 111er-Mosaik darzustellen.

Viel Spaß beim Lesen, Betrachten und persönlichen Entdecken wünschen

Kristina Scherer (Texte) und Frank Siegwarth (Bildmaterial)

111 Geschäfte

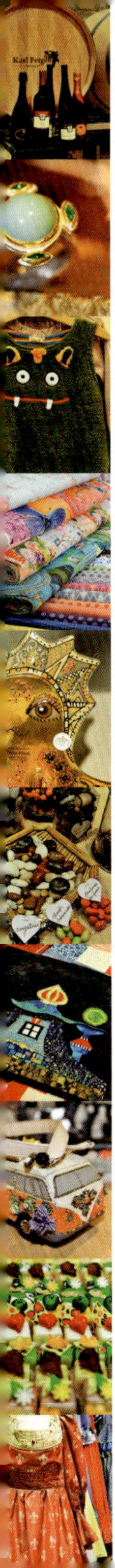
Karl Petgen

1 Adelheid Glückswerkstatt

Hochgefühl zum Verschenken

Mitten in der Sternstraße in Trier befindet er sich: der Eingang zur weltweit einzigen Adelheid Glückswerkstatt. Ihre fleißigen Helfer haben sich fest vorgenommen, mit allen Produkten, die sie verlassen, Freude und Glück zu verbreiten.

Die inzwischen deutschlandweit beliebte Marke mit dem vierblättrigen Kleeblatt wurde 2005 von jungen Kreativen in der Trierer Umgebung gegründet. Der Trend zu Filz und alpenländischer Optik wird bei Adelheid stets neu interpretiert und durch Glücksbotschaften ergänzt. Hinter diesem Trend verbirgt sich eine oftmals erwünschte Entschleunigung des Alltags. Und diese ist bei Adelheid deutlich zu spüren. Sofort ins Auge fallen die kleinen Gedichte und Weisheiten an den Wänden. Umgeben von den Tieren des Waldes tummeln sich die Glücksartikel in Holzregalen und auf Tischen.

Aus der ursprünglich kleinen Kollektion hat sich eine umfangreiche Geschenkartikelauswahl entwickelt. So findet man neben trauten Taschen, süßen Shirts (»Leibchen«) und passenden Pantoffeln auch Geschirr, Fußmatten, Schlafanzüge, Geldbörsen, Buttons oder Socken für die ganze Familie. Mal mit gefilztem Glückspilz, gesticktem Kleeblatt, schickem Spruchband oder Herz aus Holz versehen. In Ruhe kann man alles anschauen, anfassen, austesten, anprobieren. Anette Kähler, gute Fee und Teilinhaberin von Adelheid, steht gern beratend zur Seite.

Oder suchen Sie etwas für einen besonderen Menschen? Bei Adelheid finden sich etwa Geschenke für süße Früchtchen, Unschuldslämmer, Nachteulen, Göttergatten oder Naturburschen. Hergestellt werden die Artikel hauptsächlich innerhalb Europas, die Babylinie Albglück entsteht komplett auf der Schwäbischen Alb.

Die kunterbunten Beseligungsprodukte von Adelheid verschönern den grauen Alltag. Das einzige Dilemma: Oftmals kauft man etwas zum Verschenken ein, das man am Ende lieber selbst behalten möchte. Aber warum nicht einfach mal sich selbst beschenken?

Adresse Sternstr. 6, 54290 Trier, Tel. 0651/99179399, www.adelheid-glueckswerkstatt.de, laden-trier@glueckswerkstatt.de | **Anfahrt** Bus 1, 2, 3, 5, 6, 7, 8, 13, 16, 40, Haltestelle Treviris Passage | **Öffnungszeiten** Mo–Sa 10–19 Uhr | **Tipp** Nur wenige Minuten von der Glückswerkstatt entfernt liegt der Trierer Dom. Unbedingt einen Besuch einplanen! Den »Domstein« vor dem Portal soll der Teufel nach einer Legende dorthin geworfen haben.

2 Alt-Saarbrücker Antiquariat

Der Herr der Bücher

An der Schnittschnelle von St. Arnual und Alt-Saarbrücken befindet sich jenes Antiquariat, das der Schriftsteller Christian Kracht bei seinem Besuch in einer Widmung als das »schönste Buchgeschäft Südwestdeutschlands« bezeichnete. In einem Haus der Gründerzeit regiert Günter W. Melling über 50.000 Bücher – ein Germanist und Bibliophiler, der seine Leidenschaft zur Profession machte.

Wer sich an dem Raben vorbeischleicht, der aufmerksam am Eingang wacht und die alltägliche Welt mit den Dimensionen zu verbinden scheint, die sich zwischen den Buchdeckeln eröffnen, gelangt zu der riesigen Auswahl an modern- wie altantiquarischen Werken. Überall reihen und türmen sich Stöber-Stapel – dazwischen so manches Juwel. Kaum ein Genre existiert, in dem hier nicht geblättert und gelesen werden kann. Darunter befinden sich etwa alle Wissenschaftsgebiete, Literatur, Fotografie, Fremdsprachiges, Kulinarisches, Esoterisches, Erotisches, Mörderisches, Witziges, Signiertes, Skurriles. Kunterbunte Kinderbücher reihen sich an Bildbände in Schwarz-Weiß, an anderer Stelle kokettiert ein Schelmenroman mit dem »Lexikon der Frau«, während sich die umfangreiche Saar-Lor-Lux-Abteilung mit historischen Ausgaben, Karten oder regionalen Krimis brüstet. Mit von der Partie sind auch Werke, in denen uns der Rabe in vielfältigen Variationen wiederbegegnet; Pop-up-Bücher herausragender Papierkünstler, Erstausgaben und Schätze, die es nur noch an diesem Ort gibt. Vieles, was man gesehen haben muss, lässt sich nicht in Worte fassen – etwa Handgezeichnetes aus längst verstrichenen Jahrhunderten.

Günther Melling begibt sich für Sie auch gern auf die Suche nach Titeln, die sich nirgends auftreiben lassen – und er wird sie finden. Schwingen auch Sie sich zu einer Herrin oder einem Herrn der Bücher auf!

Adresse Talstraße 80, 66119 Saarbrücken, Tel. 0681/9542844, www.alt-saarbruecker-antiquariat.de, melling@alt-saarbruecker-antiquariat.de | **Anfahrt** Bus 105, 108, 121, Haltestelle Feldmannstraße | **Öffnungszeiten** Mo–Fr 9–18 Uhr, Sa 10–14 Uhr | **Tipp** Die »Stengel-Promenade« führt Sie zu den bekanntesten Barockwerken der Stadt. Die Ludwigskirche, erbaut von Friedrich Joachim Stengel, ist Wahrzeichen von Saarbrücken und eine der bedeutendsten barocken Kirchen in ganz Deutschland.

3 Antiquitäten Kottmeier

Antike Wunderwelt

Schon auf dem Gelände wird man überflutet von den unterschiedlichsten, gleichermaßen faszinierenden Objekten. Das wird auch nach Betreten des Geschäfts nicht anders.

In dem riesigen, altertümlichen Haus, das selbst wie ein Schatz aus längst vergangener Zeit wirkt, weiß das Auge gar nicht, wo es als Erstes hinblicken soll. Auf 1.500 Quadratmetern Ausstellungsfläche finden sich antike Möbel, Bilder, Statuen, Schmuck, Raritäten und Kuriositäten – vom römischen Hufnagel bis zum reichgeschnitzten Barockschrank. Ganze Zinnsammlungen, Kerzenständer, Gläser, Vasen, Lampen, Porzellan, Tafelsilber oder alte Schriften tummeln sich auf Tischen und Säulen, während die Wände bis unter die hohe Decke mit Gemälden und Uhren behängt sind. Dieses üppige, erlesene Getümmel macht den Charme des einzigartigen Ladens aus. In jedem der unzähligen Zimmer kann man eine Ewigkeit verweilen, stöbern und entdecken.

Hans-Jörg Kottmeier war schon in seiner Jugend von antiken Stücken fasziniert und eröffnete vor über 40 Jahren ein Antiquitätengeschäft in der Trierer Innenstadt. Heute führt er seine antike Wunderwelt gemeinsam mit Sohn David in Pallien.

Eine besonders große Auswahl besteht im sakralen Bereich. Heiligenskulpturen jeglicher Größe treffen auf Putten und Engel, Kelche, Kreuze, Monstranzen, Ikonen, Weihrauchgefäße und alte Bibeln aus dem 17. Jahrhundert. In der ersten Etage zieht etwa ein Zimmer mit Puppen – teils vor 1900 entstanden –, detailliert gearbeiteten Puppenstuben, Modelleisenbahnen, großen Holzpferden oder buntem Blechspielzeug Sammler in seinen Bann. Wer wohl mit diesen Dingen gespielt, wer sie besessen hat? In Staunen versetzen auch kuriose Stücke wie Wiener Bronzen, Tintenwiege, Zittertasse, Stempel mit Edelsteinen oder kunstvolle Pfeifen aus Meerschaum.

Bei Antiquitäten Kottmeier eröffnet sich eine Vielzahl vergangener Welten. Eine hehre Stätte, um von Epoche zu Epoche zu wandern.

Adresse Bitburger Straße 2, 54294 Trier, Tel. 0651/83300, www.antik-trier.de, hjkottmeier@t-online.de | **Anfahrt** Bus 87, 201, 221, 222, Haltestelle Kaiser-Wilhelm-Brücke | **Öffnungszeiten** Mo–Fr 10–18.30 Uhr, Sa 10–16 Uhr | **Tipp** Ganz in der Nähe können Sie einen schönen Nachmittag im Rosengarten oder Wildfreigehege Weißhauswald verbringen.

4 Art Galerie Illmert

Kunstgerechte Rahmen

Bereits im Schaufenster ziehen sie die Blicke auf sich: große kunstvoll inszenierte Rahmen, die golden glänzen, und um die herum sich dutzende kleinere tummeln.

An diesem Ort erhalten Sie Rahmen nach Maß und können aus mehreren hundert Varianten aus Holz oder Aluminium in allen erdenklichen Farbtönen wählen. Für die Bildeinrahmung werden säurefreie Materialien, Passepartouts in Museumsqualität sowie verschiedene Glasarten verwendet – es stehen etwa auch Sorten mit Entspiegelung und UV-Schutz zur Verfügung.

Ihnen fehlt nicht nur der Rahmen, sondern auch ein außergewöhnliches Bild für Ihr Wohnzimmer? Kein Problem. Neben hochwertigen Drucken wartet die Galerie mit Originalen außergewöhnlicher Künstler auf, mit Pop Art, moderner Kunst, Illustrationen, Fotografien, Gegenständlichem, Abstraktem, Farbigem oder Schwarz-Weißem – von temperamentvollen spanischen Motiven bis zu verträumten Feenmärchen. Die hohen Wände sind bis unter die Decke mit Bildern behängt und laden zum Verweilen ein. Die Künstler, deren Arbeiten sich hier tummeln, spürt Sylvie Illmert häufig auf Reisen auf. Es sind aber auch Kunstwerke regionaler Kreativer vertreten.

Neben Bildern und Rahmen entdecken Sie außerdem fröhlich-schräge Spiegel, Möbel oder Figuren des verstorbenen saarländischen Künstlers Tom Hoffmann, Skulpturen, die Saarbrücker Stadtlöwen und Art Accessoires für Wohnung sowie Outfit. Wie wäre es etwa mit einer Tischplatte, die von einem Tier gehalten wird? Einem farbenfrohen Eierbecher mit goldenen Schuhen und ebensolchen Flügeln? Einer kunterbunten Nana von Niki de Saint Phalle? Ein oder gleich zwei Zifferblättern in Briefmarkendesign – mal mit Schlangen-, mal Rosenmotiv –, die mit extravaganten Armbändern nach Wahl kombiniert werden können? Oder gar einer Vase in Form einer Sternschnuppe?

Gern darf die Kunst hier aus dem üblichen Rahmen fallen, denn dieser wird vollkommen auf Sie angepasst.

Adresse Mainzer Straße 50, 66121 Saarbrücken, Tel. 0681/371992, www.illmert.de, a-g-i@t-online.de | **Anfahrt** Bus 126, 128, R 9, R 10, STB 1, Saarbahn S 1, Haltestelle Landwehrplatz | **Öffnungszeiten** Di–Do 12.30–18 Uhr, Fr–Sa 10–14 Uhr | **Tipp** Auch bei »Bolz Licht & Design« stoßen Sie auf Kunstvolles für Ihre vier Wände.

5 Art In The City

Ganz schön kuuhl

Inmitten des Zweibrücker Designer-Outlets findet sich zwischen Versace, Armani oder Villeroy & Boch ein ganz besonderes Geschäft: der einzige Shop des Pirmasenser Labels Art In The City – eine Spielwiese, auf der viele originelle, farbenfrohe Kühe grasen.

Während eine üppige Kuh-Meerjungfrau mit detailgetreuen Gummienten in einer Badewanne planscht, trägt ein tierischer Kobold ein lebendiges Märchenland auf dem Rücken spazieren. Wer blickt denn da so neugierig aus der hinteren Ecke hervor? Gestatten: Ritter Kuhnibert, Drakuhla und Cowlvador Dalí.

Für den Entwurf der handbemalten Figuren sind Designer aus der ganzen Welt zuständig, natürlich auch einige regionale Künstler. Art In The City wurde von Amina Wagner-Ewig und ihrem Bruder Marco ins Leben gerufen. Ursprünglich konzentrierten sie sich mit ihrem kleinen Team auf Stadtmarketing und kreierten riesige Blancofiguren für Städte oder Organisationen, die Beachtung erregen und von Künstlern oder Bürgern mit speziellen Farben bemalt wurden. Aufmerksame entdecken in Zweibrücken ein Pferd, in Pirmasens einen Stier. Zum siebzigjährigen Bestehen des Designer-Outlets Wolfsburg präsentierte die Stadt ihren Wolf aus der Pfalz. Das Kreativteam hat auch das Europaparkmaskottchen designt. Ein paar Jahre später hielten Pferde, Elefanten, Hähne und vor allem Kühe Einzug in private Wohnwelten. Jedes Objekt hat eine eigene Geschichte, der Menschen mit Sinn für Humor und Gespür für Besonderes gern auf die Spur kommen. Lustigerweise sind die Kühe in Frankreich, Chile oder Australien bekannter als im Saarland und in der Pfalz.

Im Art In The City-Shop besteht die Chance, Stücke abzugrasen, die nicht mehr produziert werden, Testmodelle oder Objekte in imposanter XXL-Größe.

Einfallsloses, Spießiges, Überhebliches oder Schwarz-Weißes – das alles werden Sie hier nicht finden. Art In The City bildet einen kunterbunten Fleck in der Designermasse.

Adresse Londoner Bogen 94b, 66482 Zweibrücken, Tel. 06332/206783, www.art-in-the-city.com, info@art-in-the-city.com | Anfahrt Autobahn A 620, weiter auf A 6, am Autobahnkreuz Neunkirchen auf A 8 in Richtung Pirmasens/Zweibrücken wechseln, Ausfahrt Contwig, L480 bis Londoner Bogen folgen (2.600 kostenlose Parkplätze) | Öffnungszeiten Mo – Sa 10 – 19 Uhr | Tipp Auch viele andere der weit über 100 Shops des elegant angelegten Designer-Outlet-Centers bieten individuelle Shoppingmöglichkeiten.

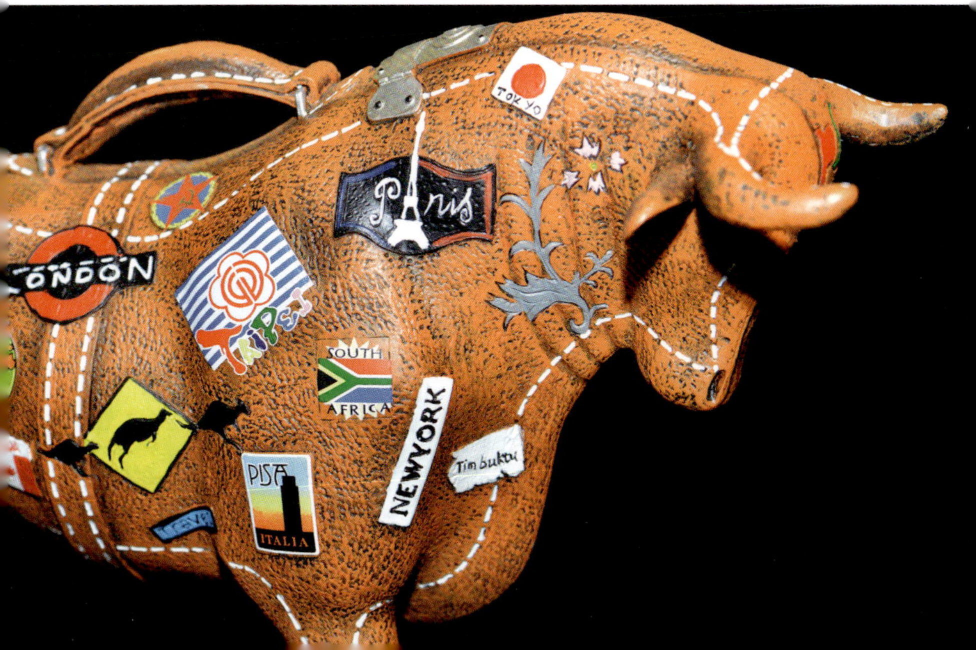

6 Atelier Belle Couture

Mit Petticoat zur Traumhochzeit

Sie suchen nach einem besonderen Brautkleid? Wie wäre es mit einem, das Flair und Leichtigkeit eines anderen Jahrzehnts widerspiegelt? Mit diesen eleganten Hochzeitskleidern im Stil der 1950er Jahre, die typischerweise über einen Petticoat getragen werden, können Sie mit verspieltem, mädchenhaftem Charme in einen der schönsten Tage des Lebens tanzen.

Im lindgrün gestrichenen Ankleidezimmer des Ateliers, das märchenhafte Pompons zieren, kann die zukünftige Braut in aller Ruhe Musterkleider sichten und anprobieren. Wie soll es sein, das perfekte Kleid? Schlicht, edel, hochgeschlossen, schulterfrei, aus Baumwolle, Taft, Satin oder Spitze? Auch bei der Wahl des Petticoats bestehen viele Möglichkeiten: Die Unterröcke mit rüschenverzierten Stufen unterscheiden sich in Länge, Volumen und Farbe. Sie können ganz in Weiß zum Altar schreiten oder aber in einem Petticoat mit farbigem Rand und passendem Satinband in Altrosa, Apricot, Weinrot, Eisblau oder Lavendel Akzente setzen. Psst …: Sie werden es nicht glauben, aber auch die Preise sind traumhaft. Haben Sie Ihr Wunschkleid gefunden, nimmt Bethina Lellig Maß und schneidert es Ihnen auf den Leib.

Die gelernte Schneiderin, Schnittdirektrice und Bekleidungstechnikerin mit Schwerpunkt Design hat im Jahr 2009 mit zwei Modellen begonnen. Zwei besonders erfolgreichen. Wenige Monate später musste sie schon eine Zuschneiderin einstellen, inzwischen ist das Team siebenköpfig. Bethina Lellig war schon immer vom Petticoatkleid fasziniert: »Mit seiner schönen, zeitlosen Form ist es das Kleid aller Kleider und der Traum vieler Mädchen.« Viele große Mädchen, die sonst keine Kleider tragen, verlieben sich hier sogleich in ein Modell.

Im Atelier entdecken Sie Brautroben, über den Onlineshop auch viele andere Kleider in kräftigen Farben oder Pastellnuancen, mit Polka-Dots oder Früchten, in Alm- oder Marinelook.

Bei Belle Couture finden auch Sie Ihren Mädchentraum.

Adresse Zeppelinstraße 2, 66117 Saarbrücken, Tel. 0681/95459588, www.belle-couture.de, info@belle-couture.de | **Anfahrt** Bus 106, 107, 121, 123, Haltestelle Bellevue | **Öffnungszeiten** nach Vereinbarung | **Tipp** Auf dem Friedhof Alt-Saarbrücken können Sie noch viel weiter in der Zeit zurückschreiten und eindrucksvolle Engelstatuen oder gotische Miniaturen bestaunen.

7__Baker Street

Auf den Spuren von Sherlock Holmes

Totschlag, Mord, Intrigen. Michael Hess, Julian und Frederik Blomann haben dies alles schon mehrfach erlebt, sogar aus nächster Nähe. Täglich beschäftigen sie sich mit dem Tod, dessen Ursachen und Verursacher. Es ist ihr Job. Und sie sind äußerst gut darin. Die Spezialisten für Mordfälle sind die Begründer der Krimiwelt Baker Street.

Wer gentlemanlike an der Bar vorbeigleitet, steht inmitten des riesigen Wohnzimmers des Meisterdetektivs Sherlock Holmes. Historische Holztische, Kamine aus Marmor, dunkelrote Wände und gruselige Gemälde in gedimmtem Licht erwarten Sie. Während Sie ein Porträt von Edgar Allan Poe fesselt, blickt der Hund von Baskerville argwöhnisch zu Ihnen herab. Auf einem der großen, dunklen Ledersofas kann sich der Besucher niederlassen, während er sich in eine andere Welt entführen lässt.

Tagsüber ist die Baker Street ein Teesalon im britischen Stil. Abends verwandelt sie sich in einen Victorian Pub, in dem sich etwa Bierspezialitäten, Sherry, Portwein, Brandy, Gin anbieten. Die hauseigene Backstube verzückt bis in den Abend hinein. Auch kleine warme Gerichte finden sich auf der Karte. Fans mörderischer Angelegenheiten dürfen sich regelmäßig auf Criminal Dinner freuen. Auch Krimiautoren garantieren Mord und Totschlag. Doch für einen Moment genug der Blutzoll-Literatur? Im Abenteuersalon wartet ein dunkelgrüner Urwald, der mit Raritäten aus der Sammlung des saarländischen Weltenbummlers Heinz Rox-Schulz ausstaffiert wurde. Nach Herzenslust kann der Besucher die Räume wechseln oder Krimis aus des Meisters vielzähligen Bücherregalen lesen.

Sie sind heute nur auf dem Sprung? No problem, Sir or Madam: Ein Stück Guiness-Kuchen, Scones oder Cookies können Sie auch mit nach Hause entführen oder gleich unterwegs meucheln, bis Sie mehr Zeit für einen Besuch finden. Und wer weiß – vielleicht entdecken Sie beim nächsten Mal Sherlock Holmes, wenn Sie genau hinsehen …

Adresse Mainzer Straße 8, 66111 Saarbrücken, Tel. 0681/95812454, www.bakerstreetsb.de, info@agentur-erlebnisraum.de | **Anfahrt** Bus 105, 125, Haltestelle Paul-Marien-Straße, Saarbahn S 1, Haltestelle Landwehrplatz | **Öffnungszeiten** Mo–Do 14–24 Uhr, Fr 14–2 Uhr, Sa 10–2 Uhr, So 10–24 Uhr | **Tipp** Noch nicht genug der Krimis? Vielleicht werden Sie ebenfalls im »Filmhaus« nebenan fündig.

8 Bargello

Der Eispalast

Bargello – so heißt ein prächtiger Palast im Herzen von Florenz mit Oktagonbrunnen. Diese Form begegnet uns bei Bargello in Luxemburg-Stadt überall wieder: bei den Leuchtern, an den Wänden oder auf den Eisbechern. Florenz gilt als eine der drei Eisschulen Italiens, die sich cremigem Eis mit Milch verschrieben hat. Es findet sich auch bei Glacier Bargello wieder – dem luxemburgischen Eispalast.

Nachdem Laura Fontani 20 Jahre im Finanzsektor tätig war, verwirklichte sie ihren eisigen Traum: Sie eröffnete ein edles kleines Palais, in dem sich der Besucher dem kühlen Genuss hingeben kann. Bei Bargello gibt es Eis in allen nur vorstellbaren Geschmacksrichtungen und Formen. Stets kreiert die italienische Eiskönigin neue Varianten aus Früchten oder Nüssen der Saison. Neben der Eiscreme entstehen auch Fingerfood-Eis, Sorbet, Milch- oder Wassereis am Stiel, kühles Mousse oder frostige Torten gänzlich ohne künstliche Zusatzstoffe. Anhänger klassischer Eiscreme entdecken Sorten wie Vanille, Schokolade und Pistazie, aber auch Bergamotte, Rose oder »Crema Bargello«, die auf den ersten Löffel verzaubern. Nicht nur an heißen Sommertagen begeistert das zarte, prickelnd-kühle Sorbet – etwa mit dem Aroma frischer Clementinen, Mangos, Zitronen, Melonen, Quetschen oder eines Mojitos inklusive zerkleinerter Minze. Kinder lieben die mit Streuseln verzierten Eis-Lollis. Für Veganer oder Allergiker bietet sich neben den Sorbetvarianten auch das Schokoladeneis mit hohem Kakaoanteil und ohne Milch an.

Im Sommer kann man einen Becher auf der Terrasse genießen, die wie eine kleine Insel inmitten von Wolkenkratzern und städtischem Leben ruht.

Auch wenn die Eissorten im Sommer in voller Blüte stehen, ist Bargello ebenso zur Winterzeit geöffnet und wartet zu Weihnachten mit besonderen eisigen Kreationen auf.

In diesem Eispalast erreicht der Genuss kalter Köstlichkeiten seinen königlichen Höhepunkt.

Adresse 13–15 Rue du Fort Elisabeth, L-1463 Luxembourg, Tel. +352/26296097, www.bargello.lu, gelato@bargello.lu | Anfahrt Hauptbahnhof Luxemburg fünf Minuten entfernt (Züge in alle Richtungen) | Öffnungszeiten Mo–So 12–19 Uhr | Tipp Im traumhaften »Vallée de la Pétrusse« entdecken Sie bei einem Spaziergang prächtige Anlagen, Ruinen der Festungen oder Bastionen und einen paradiesischen Minigolfplatz.

9__Bastelkiste

Kreativer Kult

Von außen wirkt das Geschäft mit dem zurückgesetzten Eingang überschaubar. Doch kaum hat man es betreten, offenbart sich ein nimmer enden wollendes Universum des kreativen Gestaltens.

Nachdem man allein im vorderen Bereich eine halbe Ewigkeit verweilen kann, tun sich am Ende weitere Räume und eine zweite Etage auf. Wo soll man sich bloß zuerst umschauen: bei Pinseln, Farben und Leinwänden, traditionellen Stempeln, Naturmaterialien, Mosaikutensilien, seltenen Porzellanfarben, Holzprofilen für Maßstabsarbeiten oder rund 5.000 Ballen Stoff?

In der Bastelkiste treffen Sie nicht nur auf andere Bastelwütige, sondern auch auf heimische Bewohner. Von einem Regal aus werden vorbeistreifende Besucher gleich von mehreren Augenpaaren beobachtet. Die leuchtenden Paradiesvögel aus Wolle sind Teil der Familie Wolli – bekannt aus dem gleichnamigen Buch des Bastelkisten-Masterminds Andreas Ascher, der bereits mehrere Bücher in renommierten Kreativ-Verlagen veröffentlicht hat. Aber auch andernorts trifft man auf lebendige Bastelideen für Wohnung, Garten oder Kindergeburtstag.

Möchten Sie sich Accessoires anfertigen, die garantiert kein anderer trägt, so bieten sich etwa Perlen, Anhänger, Federn und Silberdraht für Ketten an oder einfache Haarreifen, die mit schickem Stoff beklebt und üppigen Blüten oder kleinen Vögeln verziert werden können. Sie planen, jemanden mit einem selbstgemachten Geschenk zu überraschen? Wie wäre es mit einem Süßigkeitenbaum oder einem geheimnisvollen Strauß mit antiker Oberflächenbearbeitung? Was Sie dafür benötigen? Das bastelbegeisterte, vielsprachige Team berät Sie gern. Oder besuchen Sie doch einfach einen der vielen Workshops für Home Deko, Powertex, Art Clay, Filz oder Patchwork, die durchgehend stattfinden und die Sie nach einem Nachmittag mit originellem Dekowerk verlassen werden.

An diesem kreativen Kultort werden Ihrer Inspiration keinerlei Grenzen gesetzt.

Adresse 17 Rue du Fort Elisabeth, L-1463 Luxembourg, Tel. +352/400506, www.bastelkiste.lu, mail@bastelkiste.lu | **Anfahrt** Nähe Hauptbahnhof (Züge in alle Richtungen) | **Öffnungszeiten** Mo–Sa 9–18 Uhr | **Tipp** Um die Ecke in der Rue du Fort Bourbon finden Sie in der Bijouterie »1001 Charms« charmante Schmuckstücke.

10 Ben & Pepper

Disappear here

In einer der Hauptgeschäftsstraßen in Luxemburg-Stadt stößt der Neugierige auf seiner Suche nach dem Besonderen zwischen hektischem Treiben und Kaufhausketten auf einen eigenen kleinen Kosmos der Kuriositäten. Schon das Schaufenster wirkt erfrischend anders. Mal erblicken Passanten fragile Gebilde aus Papier und alte Sessel, auf denen Tiere des Waldes thronen, mal kunterbunte Regenschirme, die Windböen trotzen.

Mit Vorliebe kombiniert das Designerpaar im Inneren der Boutique Vintagewelten mit einem Hauch des Modernen. Zwischen Tapeten im Retrochic prangen eine riesige Jesus-Ikone in goldenem Rahmen und Sinnsprüche wie »Close your eyes and see«. Bei Ben & Pepper tummeln sich Dinge, die den Alltag erhellen, vor allem ausgefallene Accessoires für Wohnung und Garderobe. Zu Blechkommoden mit altehrwürdigen Designs gesellen sich verspieltes Geschirr, duftende Kerzen, Postkarten mit luxemburgischer Mundart, Artikel sowie Bilder von Jungdesignern des Landes oder Edelobstbrände aus der Region.

Auf Stühlen liegen prächtige bunte Füchse im Comicstil von Donna Wilson, die man sich um den Hals wickeln kann; überall stehen oder hängen Insekten in kleinen gläsernen Vitrinen und Rahmen: riesige Hirschkäfer, leuchtend blaue Morphofalter und andere exotische Schönheiten.

Viele Dinge werden von Ben und Pepper entworfen, etwa Textilien mit grafischen Silhouetten luxemburgischer Städte. Oder aber Aschenbecher, auf denen sich ganze Menschenmengen versammeln. Vintagemöbel erblickt man nicht nur im Schaufenster. Neben Sesseln mit Bezügen, auf denen man unzählige Details entdecken kann, finden sich Einzelstücke wie alte Lehnstühle, die mit modernen Materialien aufgehübscht wurden. Auch Ihre kostbaren Altertümchen bereitet das Team gern kreativ auf. Bei Ben & Pepper können Sie für eine Weile fabelhaft von der Wirklichkeit entschwinden oder ein Wunderwerk in die eigenen Wände entführen.

Adresse 21 Avenue de la Liberté, L-1931 Luxembourg, Tel. +352/26196194, www.benandpepper.com, hello@benandpepper.com | **Anfahrt** Nähe Hauptbahnhof Luxemburg (Züge in alle Richtungen) | **Öffnungszeiten** Di–Sa 10–18 Uhr | **Tipp** Auch bei »Extrabold« auf der gegenüberliegenden Straßenseite erwartet Sie eine kunstvolle kleine Welt.

11 Bieren aus Lëtzebuerg

Bärenstarke Unikate

Renée Hutmacher ist in Luxemburg bekannt wie ein bunter Teddybär. In ihrem Atelier entstehen keine Hüte, sondern Bären in den unterschiedlichsten Größen und Farben.

Ein riesiger Braunbär mit Lederkoffer, Flugticket und Landkarte unter dem Arm hat es etwas eilig, denn gleich tritt er seine Reise an. Gegenüber macht sich eine schneeweiße Bärin schick, deren blaue Handtasche perfekt zum übrigen Outfit passt. Am anderen Ende thront eine Weltkugel, die sich dreht und mehrere kleine Bären beheimatet.

Auf Renée Hutmachers Arbeitstisch tummeln sich viele einzelne Arme und Beine. Hier entstehen gerade neue Schöpfungen. Für ihre einzigartigen Ausfertigungen wurde die Künstlerin bereits vielfach prämiert; so war sie »Europameisterin der Teddybärmacher« (Genre »Urform«) und Vizeweltmeisterin in der Kategorie »Masterclass«. In ihrem Atelier können Sie die zahmen Bären besichtigen, bei Gefallen gleich adoptieren oder sich einen flauschigen Freund nach Ihren Wünschen anfertigen lassen. Zur Auswahl bieten sich Dutzende Stoffe an – vom festen kurzen Teddyhaar bis hin zum zarten langen Fell. Während der Körper aus Mohair oder Alpakawolle gefertigt wird, bestehen die Pfoten meist aus edelstem Samtstoff. Wie wäre es mit einem Bären, der Name und Geburtsdatum Ihres Kindes auf den Füßen trägt? Die Teddybären besitzen übrigens auch Namen – gestatten: Vivaldi, Anni, Florentine oder Regine. Einige tragen Ketten, Hüte, Schleifen, Kleider oder Jacken. Diese Accessoires findet die Luxemburgerin auf großen Teddybärmessen wie der »Teddybärwelt« in Wiesbaden. Ob Renée Hutmacher einen Lieblingsbären hat? »Immer der aktuelle.«

Die Schnitte ihrer Bären entwirft sie selbst. Danach werden die Einzelteile mit einer Schablone auf die Stoffe übertragen, ausgeschnitten, mit Nadeln festgesteckt, Füllwatte gestopft und schließlich zusammengenäht. Schneller als Sie sich umschauen können, sind Sie auf den Bär gekommen.

Adresse 39 Rue de Beyren, L-5376 Uebersyren, Tel. +352/355322, www.teddybier.lu, teddybier07@gmail.com | **Anfahrt** Bahnhof Uebersyren-Munsbach (Züge in alle Richtungen) | **Öffnungszeiten** nach Vereinbarung | **Tipp** Eine Straße weiter entdecken Sie in der »Boulangerie Peschong« bärenstarke Leckereien.

12 Bio Santé Kreppi

Grün auf ganzer Linie

Traurig, aber wahr: Essen kann krank machen. Viele konventionelle Nahrungsmittel sind voller Chemie und häufig wird man als Verbraucher hinters Licht geführt. Während Brot meist aus reiner Fertigbackmischung mit Unmengen Zucker besteht, sind in Erdbeerjoghurt nur selten echte Erdbeeren enthalten. Auch bei Kosmetik sieht es nicht anders aus – in Cremes oder Deos finden sich zuweilen gesundheitlich überaus bedenkliche Stoffe wie Aluminium. Sich Bio zu gönnen, ist daher eine gute Entscheidung. Bio-Obst, -Gemüse oder -Getreide werden ohne Einsatz von chemischen Düngern und Pflanzenschutzmitteln angebaut, bei zubereiteten Gerichten dürfen keine Aromen oder Geschmacksverstärker enthalten sein. Auch ist Bio frei von Gentechnik und unterstützt fairen Handel.

Bio Santé Kreppi war das erste Biogeschäft im Osten Frankreichs und existiert seit 1934. Hier sind nicht nur die Äpfel grün. Auch alles andere wird rein biologisch erzeugt. Auf zwei Etagen entdecken Sie in Holzregalen das gesamte Repertoire an Tees, Obstsäften, Nudeln, Saucen, Ölen, typisch französischen Pastillen, kandierten Früchten oder Gojibeeren; auch Kerzen und Reinigungsmittel gehören dazu. Ebenso ist natürlich stets frisches Brot, Obst und Gemüse erhältlich. Eine große Auswahl offenbart sich auch bei Fleischersatz-Produkten, pflanzlichen Drinks wie Mandel- oder Reismilch und bei Gewürzen. Wie wäre es mit einer Spezialität der Region wie Choucroute oder einem Römertopf? Bio-Bier, Bio-Cola und die vielen Bio-Weine, die wenig bis keine Sulfide enthalten und aus Biotrauben gewonnen werden, können ebenfalls begeistern. Viele stammen aus dem Elsass – etwa der Edelzwicker oder die Weine des Weinguts Odile Weber.

In der Parfümerie entdecken Sie unzählige Pflegeprodukte aus natürlichen Inhaltsstoffen. Die Parfüms bestehen meist rein aus ätherischen Ölen. Bei Bio Santé Kreppi erleben Sie in allen Facetten Ihr grünes Wunder.

Adresse 3 Rue des Généraux Crémer, F-57200 Sarreguemines, Tel. +33/387980304, www.biosantekreppi.amidietetique.com | **Anfahrt** Bahnhof Sarreguemines fußläufig fünf Minuten (Züge in alle Richtungen) | **Öffnungszeiten** Di–Sa 9–12 und 14–18.30 Uhr | **Tipp** In der »Brasserie des Arts« in der Rue Poincaré können Sie stilvoll essen und trinken.

13 Bliesgau Ölmühle

Auf den Spuren der Kelten

Wenn Sie schon immer wissen wollten, wie Öl hergestellt wird, sind Sie hier goldrichtig. Ebenso, wenn Sie gern hochwertige Öle genießen und außergewöhnliche kulinarische Kreationen entdecken. Während die Ölproduktion in vollem Gange ist, können Sie den Hofladen erkunden. Hier finden sich nur regionale Öle. Anbau wie Verarbeitung der meisten Ölpflanzen erfolgen direkt vor Ort.

Das Kernstück des Hauses bildet das Leindotteröl – jenes würzig schmeckende Erzeugnis, das Funden zufolge als beliebtestes Speiseöl der Kelten gilt. Sein Duft erinnert an frisch gemähten Löwenzahn. Die Kulturpflanze wird meist im Spätsommer geerntet. Zunächst trennt man die Leindottersamen von den Schoten und entfernt alle Beikräuter. Danach werden die Saaten gelagert. Sie sind somit ganzjährig für die Ölerzeugung verfügbar. Leindotteröl entsteht mittels Kaltpressverfahren und passt hervorragend zu Rohkost und Salaten. Von der Qualität dieses saarländischen – pardon – keltischen Guts der Bliesgau Ölmühle sind sogar Starköche wie Tim Mälzer beeindruckt.

Im Hofladen finden sich je nach Saison viele weitere Öle: Leinsamen-, Mariendistel-, Raps-, Mohn-, Hanf-, Senf-, Walnuss- oder Sonnenblumenöl. Das Rapsöl ist je nach Geschmack auch mit erlesenen Kräutern – etwa Basilikum, Lavendel, Lorbeer, Oregano, Thymian – oder Peperoni erhältlich. Der Scharfmacher des Hauses verleiht etwa Marinaden das gewisse Etwas. Dic Öle sind in diversen Größen erhältlich, darunter auch Probiergrößen. Zu jedem Produkt liegen Karten mit Rezeptvorschlägen vor. Falls sich Fragen zu den Ölen auftun, geben Jörg Hector und Patric Bies gern Auskunft.

Aber auch der Senf aus dem Saarland – mal natur, mal mit Knoblauch oder Estragon verfeinert – ist zu empfehlen. Kulinarisches Neuland für die meisten Besucher: die Leindotter- und Walnussnudeln.

Egal ob Keltisches oder Saarländisches – die Bliesgau-Öle sind Balsam für die Genießer-Seele.

Adresse Gut Hartungshof 6, 66271 Bliesransbach, Tel. 06805/9298085, www.bliesgauoele.de, bliesgauoele@web.de | **Anfahrt** Autobahn A 620, Ausfahrt Güdingen, auf B 51 Richtung Kleinblittersdorf, links abbiegen auf L254 nach Bliesransbach, links abbiegen in die Römerstraße, nach circa 350 Metern rechts abbiegen In den Großen Reben, links abbiegen auf Eschringer Straße, nach circa 900 Metern und kurzem steilen Anstieg rechts abbiegen | **Öffnungszeiten** Di–Do 10–12 und 15–17 Uhr, Sa 10–12 Uhr | **Tipp** Folgen Sie im Nachbarort Rilchingen-Hanweiler den Spuren der Römer. In der »Saarland Therme« können Sie etwa in Thermalwasser baden, saunieren oder sich einer Aromaölmassage hingeben.

14 Bodenschätze

Immer auf dem Boden bleiben

Die Schätze in Alyeh Sadats Geschäft stehen nicht in Vitrinen. In den meisten Fällen liegen Sie einfach auf dem Boden, oftmals aufeinandergetürmt. Auf einem Stapel ergießt sich ein Meer in allen erdenklichen Rottönen, zwischen denen klassische Muster auftauchen. Daneben beeindrucken kunstvoll geknüpfte weiße Hochflorornamente auf anthrazitfarbenem Vintagegrund.

Bei Bodenschätze entdecken Sie verborgen in einem Hinterhof außergewöhnliche Teppiche und Kelims. Als Kelim bezeichnet man semi-antike Stücke, meist zwischen 40 und 80 Jahren alt. Viele stammen aus Gebirgsdörfern in der Türkei. Die Inhaberin bringt sie häufig von Reisen mit. Der Unterschied zu einem Teppich? Teppiche werden geknüpft, Kelims gewebt und dienen häufig als Wandbehang.

Die modernen Designerteppiche werden von Jan Kath entworfen, mit dem Alyeh Sadat intensiv zusammenarbeitet. Der Bochumer kombiniert Elemente des Orientteppichs mit zeitgenössischem, extravagantem Design. Farben und Größen der Teppiche sind variierbar. Hergestellt werden sie meist aus Wolle von tibetischen Hochlandschafen. Die Tiere verfügen über besonders fettreiche Wolle, die sich gut reinigen lässt, wasser- sowie schmutzabweisend und somit langlebig ist. »Ein Teppich muss nicht nur schön, sondern auch praktisch sein«, so die Hausherrin. Jan Kath arbeitet aber auch mit Materialien wie recycelten Saris oder Brennnesselfasern und Seide.

Alyeh Sadat besitzt das Teppichgen. Bereits ihr Vater führte ein Geschäft für Perserteppiche. Gern kommt sie auch mit einer Auswahl an Teppichen zu Ihnen nach Hause, damit Sie sehen, ob der Teppich, der Ihnen gefällt, auch tatsächlich zu Ihrer Wohnung passt – denn »es gibt kein Möbelstück, das den Raum so verändert wie ein Teppich«. Mal muss einer her, der sich optisch dezent anpasst, mal ein auffälliges Glanzstück.

Beim Anblick dieser Teppiche fällt es gar nicht immer so leicht, auf dem Boden zu bleiben.

Adresse Mainzer Straße 52 (Hinterhof), 66121 Saarbrücken, Tel. 0173/1639124, www.alyehsadat.de, mail@alyehsadat.de | Anfahrt Bus 126, 128, R 9, R 10, STB 1, Saarbahn S 1, Haltestelle Landwehrplatz | Öffnungszeiten nach Vereinbarung | Tipp Ein paar Häuser weiter lässt sich im »Kletterzentrum Saarbrücken« der Boden aus ganz neuen Perspektiven betrachten.

15__Bonsai-Garten-Müller

Ein Baum fürs Leben

Wenn Sie den Garten von Familie Müller betreten, kann es geschehen, dass Sie beim Anblick all der prächtigen Bonsais selbst wie verwurzelt dastehen. Neben Martin Müllers Prunkstücken – darunter eine circa 50-jährige Winterlinde mit herzförmigen grünen Blättern – erblicken Sie kleine Ahorn- und Nadelbäume, Bonsais mit Hochblättern in schillernden Farben oder hierzulande seltene Arten, die aus Indonesien, mediterranen und subtropischen Regionen stammen.

Sie denken, Bonsais seien kompliziert und segnen meist nach ein paar Wochen das Zeitliche? Dem ist nur so, wenn der Baum sein Dasein in reinem Lehm- oder Humusboden ohne tägliches Wässern fristet. Leider werden aufgrund mangelnder Kenntnis häufig Outdoor- als Indoorbonsais verkauft oder Bäume aus den Tropen, die für unser Klima nicht geeignet sind. Deshalb sollten Sie unbedingt einen Fachhändler aufsuchen. Vor allem Einsteigerbäume kosten kein Vermögen.

Wo kann der Baum stehen, für den Sie sich entschieden haben? Wo überwintern? Wie gießt man ihn richtig? Zu welcher Zeit sollte er gedüngt werden? Im Bonsai-Garten-Müller kann man sich nicht nur kompetent beraten lassen und einen wunderschönen Bonsai erwerben, sondern bereits angeschaffte Bäume zurückschneiden, drahten, gestalten, gegen Krankheiten behandeln oder mit der optimierten hauseigenen Erdmischung aus Lava, Bims und Akadama umtopfen lassen.

Martin Müller hat bereits zwei Bundesausstellungen ausgerichtet. Am Tag des offenen Gartens reisen sogar Fachgrößen wie Edo de Groot aus Holland oder Yohan Irawan aus Indonesien an.

Neben beeindruckenden Miniaturbäumen entdecken Sie sämtliches Zubehör – von japanischen Keramik- und handgearbeiteten Künstlerschalen über Bonsaischeren bis hin zu Dünger. Die Bonsais aus Saarwellingen werden übrigens rund um den Globus verschickt.

Worauf warten Sie? Stellen Sie sich einen oder gar mehrere Bäume ins Wohnzimmer und lassen Sie es zu Ihrer Ruheoase werden.

Adresse Jasminstraße 1, 66793 Saarwellingen, Tel. 06838/7069, www.bonsai-garten-mueller.de, mueller@bonsai-garten-mueller.de | **Anfahrt** Bus 401, 403, 425, AST 3, Haltestelle Schlossplatz | **Öffnungszeiten** Mo–Fr 11–18 Uhr, Sa 10–15 Uhr; Anfang Nov.–Ende Feb. nur nach telefonischer Vereinbarung | **Tipp** Im Wildfreigehege Saarwellingen entdecken Sie zwar keine Bonsais, aber viele einheimische Wildtierarten.

16 Bremerich Jeans

Die Denim-Dimension

Zunächst galten sie als »Symbole gewalttätiger Unreife«, wurden nur von Männern getragen und waren teils sogar verboten. Doch vor einigen Jahrzehnten etablierte sich die Jeans als Kleidungsstück für den Alltag, das viele Kombinationsmöglichkeiten eröffnet. Die Hosen aus Baumwoll- oder Hanfstoff sind inzwischen sogar High-Fashion tauglich.

Bei Bremerich war Denim bereits 1970 präsent, als das Textilhaus noch Mode »von der Wiege bis ins Grab« verkaufte und rückte immer mehr in den Fokus. Hier findet sich eine Jeansauswahl, die sich gewaschen hat: Neben ein paar gängigen Denim-Labels umfasst das Repertoire vor allem Hosen innovativer Hersteller und Raw-Denim-Marken, die Jeans aus ungewaschenem, unbearbeitetem Denim im ursprünglichen Indigoblau herstellen – darunter Modelle von Herstellern, die es in ganz Deutschland oder Europa nur an diesem Ort gibt. Unter den Raw Denims tummeln sich etwa die in Italien zu 100 Prozent aus Organic Cotton produzierten »Nudie Jeans« oder Stücke von »Flat Head«, die bis hin zu den Knöpfen komplett in Handarbeit entstehen.

Damen wie Herren werden gleichermaßen fündig. Neben Jeans lassen zeitlose Laptoptaschen, hochwertiges Schuhwerk, Caps oder Gürtel Männerherzen höher schlagen. Frauenherzen erreichen auch bei allem anderen ungeahnte Frequenzen – etwa beim Anblick origineller Taschen oder Tops.

Die Leidenschaft für Denim ist überall sichtbar – von den Bildern aus Jeans an den Wänden bis hin zu den Zeitschriften auf den Tischen. Ein Highlight: die Events rund ums Thema Jeans, auf denen zuweilen bekannte Denim-Designer Jeansfans in ihre Arbeitsweise einweihen. Kein Wunder, dass auch berüchtigte Modeblogger aus Großstädten nach Illingen pilgern und ihre Begeisterung auf Blogs der ganzen Welt mitteilen. Welche Hose soll es nun werden? Röhren-, Straight Leg- oder Boyfriend-Jeans? High oder low waist? In dieser Dimension werden Sie neu verstofflicht.

Adresse Hauptstraße 51, 66557 Illingen, Tel. 06825/2136, www.bremerichjeans.com, info@bremerichjeans.com | **Anfahrt** Bus 353, 354, 355, R 12, Haltestelle Post | **Öffnungszeiten** Mo–Fr 9–12 und 14–18.30 Uhr, Sa 9–12.30 Uhr | **Tipp** Ganz in der Nähe lädt die »Burg Kerpen« zur Entdeckungsreise.

17__Bubble

Follow the white rabbit!

»Da! Ein weißes Kaninchen!« – ruft ein kleines Mädchen ganz aufgeregt und scheint darauf zuzulaufen. Und tatsächlich: Von den nicht enden wollenden dunklen Wänden, die sich plötzlich auftun, hängen gleich mehrere, durchaus nicht nur weiße Kaninchen herab. Bevor Sie es merken, befinden Sie sich mitten in Alice's Wunderland.

Mit den Augen auf dem Boden angelangt geht es noch viel bunter zu. Doch welcher Weg ist der richtige? Der, an dem freundlich dreinschauende Schnecken warten? Jener, auf dem riesige Barbapapas auf großen Wippen schaukeln? Oder der Pfad, den Regale mit einäugigen Zombies zum Anziehen säumen? Huch – Vorsicht! Auf einem Podest lauern kesse Krokodile, tobende Tiger und pechschwarze wütende Wölfe. Doch Entwarnung: Sie beißen nicht und können als Tasche, Rucksack oder Trolley genutzt werden.

In dieser Welt findet sich alles, was Kinderherzen höher schlagen lässt. Mädchen, die mit Puppen sonst nichts anfangen können, verlieben sich bei Bubble in eine ganz außergewöhnliche. Angehende Rockstars werden von wilden Songs, die zu sanfter Schlafmusik umkomponiert wurden, ins Land der Träume entführt. Babys mit extravagantem Sendungsbewusstsein sind mit dem »Baby Gaga«-Strampler gut beraten, kleine Superhelden mit Spiderman-Shirts. Heranwachsende Gentlemen finden Schnuller mit Schnauzbart-Print und alle Verspielten etwa sprechende Flugzeuge, Wecker aus riesigen Legofiguren, Brettspiele, Bastelzubehör, Schaukelpferde oder Kostüme aus der ganzen Welt.

Sogar Erwachsene werden hier fündig, während Kinder aus Luxemburg, Frankreich, Deutschland oder Belgien durch die Reihen toben. Wie wäre es denn mit einer zauberhaften Bäckerei, auf die Größe einer Geldbörse geschrumpft?

Die jungen Besucher müssen keine Angst haben, sich ohne schützende Begleitung auf Erkundungstour in dieses Wunderland zu wagen. Am Ende des Labyrinths wartet nicht die Herzkönigin, sondern eine wunderschöne Spielecke …

Adresse Belval Plaza I, 7 Avenue du Rock'n Roll, L-4361 Esch-Belval, Tel. +352/26552503, www.bubble.lu, info@bubble.lu | **Anfahrt** Bus 3, 60, 80, Haltestelle Belval-Université, Bus 4, Haltestelle Belval Plaza/Rockhal | **Öffnungszeiten** Mo–Fr 10–20 Uhr, Sa 9–19 Uhr | **Tipp** Gegenüber der Belval Plaza-Galerie I lädt eine restaurierte Hochofenanlage zur Besichtigung. Besucher können bis zur 9. Plattform hinaufsteigen, die sich in 40 Metern Höhe befindet und einen atemberaubenden Ausblick garantiert.

18 Café Knorke

Mock-Chicken stirbt Schokotod

Gründe, sich vegetarisch oder vegan zu ernähren, gibt es viele: Massentierhaltung, Tiertransporte oder ein zu hoher Cholesterinspiegel. Pflanzliche Ernährung ist nicht nur gesund, sondern auch vielseitig und lecker. Jedenfalls bei Café Knorke.

Hier sind nicht nur eingefleischte Veggies, sondern auch Fleischesser herzlich willkommen. Irene Müller und Tochter Sandy möchten »nicht missionieren, sondern Wohlschmeckendes für alle anbieten«. Zum Frühstück gibt es auch Eier aus Freilandhaltung und ein Kleinstangebot an Wurstwaren, doch beim Mittagessen oder Kuchenangebot ohne jegliche tierische Inhaltsstoffe kommen auch Fleischfans ungezwungen auf den veganen Geschmack. Am Mittag erwartet Sie »Gutbürgerliches aus aller Herren Länder« – etwa Köfte mit pikanter Tomaten-Aprikosen-Sauce und Naan-Brot, Mock-Chicken mit Wildreis oder »Gefüllde«, die statt Leberwurst mit der Knorke-»Lebenswurst« befüllt werden. Danach vielleicht noch ein Dessert? Im wechselnden Angebot finden sich zum Beispiel Cake-Pops, Orange-Ingwer-Cookies, Elsässer Apfelkuchen und »Schokotod« – ein Kuchen, der so schokoladig schmeckt, dass man bei seinem Genuss im Schokohimmel ankommt. Alle Speisen werden frisch zubereitet serviert. Auch die Preise sind traumhaft.

Im Café Knorke tummeln sich Menschen aller kulinarischer Welten von 9 bis 99. Jeder darf sein, wie er ist, und genießen, was und wie er möchte. Eilige Gäste können nicht nur Kuchen, sondern auch Menüs zum Mitnehmen ordern. Bringen Sie Zeit mit, können Sie es sich zwischen Kunst, Tischfußball und Bücheregal auf Stühlen oder Sitzpodesten mit Kissen gemütlich machen.

Wichtig: Ihr Mittagessen sollten Sie telefonisch reservieren. Da Nachhaltigkeit groß geschrieben wird und keine Nahrungsmittel weggeworfen werden, kocht man meist nur so viele Gerichte, wie tatsächlich abgenommen werden. Nicht nur aus ökologischer Sicht rundum knorke. »Gudd gess« mit gutem Gewissen.

Adresse Hohenzollernstraße 78, 66117 Saarbrücken, Tel. 0681/95417743, www.cafeknorke.de, CafeKnorke@googlemail.com | **Anfahrt** Bus 101, 103, 104, 109, 121, 126, 129, Haltestelle Roonstraße | **Öffnungszeiten** Mo–Fr 8–17 Uhr | **Tipp** Nicht weit entfernt können Sie in der Stengelstraße bei »Maritim Air« in der angelegten Salzhöhle entspannen und sich gesund atmen.

19 Café Plaisir

Die ganze Kunst des Kaffees

»Kaffee muss nicht immer schwarz sein und bitter schmecken.« Dies stellen Nadine und Carsten Schäfer regelmäßig auf ihren Reisen fest, bei denen sie Plantagen besuchen – und ihre Gäste im Café Plaisir. Das Paar importiert fair gehandelten Kaffee und unterstützt Bauern wie Arbeiter auf verschiedene Weise.

Dabei war Carsten Schäfer ursprünglich von Kaffee nicht besonders angetan. Erst als er Kaffeemaschinen reparierte und mit verschiedenen Einstellungen experimentierte, hat es nicht nur bei den Maschinen »Klick« gemacht. Die neu entdeckte Leidenschaft verleitete ihn sogar zur seltenen Ausbildung zum Coffeologen.

Bei Café Plaisir sind rund 50 Kaffees aus der ganzen Welt vereint. Sorten mit blumigem Geschmack treffen auf Kaffees mit leichten Fruchtnoten, würzigem Aroma oder Nuancen der Bitterschokolade. Industriell gefertigter Kaffee ist hier tabu! In diesem Café können Freunde des koffeinhaltigen Heißgetränks Highlights wie den Jamaica Blue Mountain, Australian Skyburry, Mexico Pacamara oder aber hauseigene erlesene Mischungen genießen. Darunter etwa die »Saarlouiser Melange« – eine Kaffeekreation aus fünf verschiedenen Arabica und einem Robusta, die recht mild schmeckt und mit einem ausgefeilten Aroma überzeugt. Zum Kaffee wird frisches italienisches Gebäck angeboten.

Alle Kaffees, die serviert werden, kommen frisch und separat geröstet aus der eigenen Rösterei, wo sich riesige Kaffeesäcke mit wohlduftendem Inhalt stapeln. Mittels schonendem Trommelröstverfahren werden die Bohnen 18 bis 23 Minuten bei 200 Grad gebrannt. Danach kühlen sie langsam auf einem Sieb ab. Durch dieses Schonverfahren werden die Kaffees sehr bekömmlich, denn schädliche Chlorogensäuren, die jeder Rohkaffee enthält, sind nach zehn Minuten zersetzt.

Café Plaisir bereitet Kaffeetrinkern unbedenkliche, bislang unbekannte Gaumenfreuden. Einziger Nachteil dieses Stücks Kaffeekultur im Herzen Saarlouis: hohe Suchtgefahr!

Adresse Engelstraße 2, 66740 Saarlouis, Tel. 0173/8697566, www.cafeplaisir.de, info@cafeplaisir.de | **Anfahrt** Bus 403, 409, 413, 435, R 5, Haltestelle ZOB Kleiner Markt | **Öffnungszeiten** Mo – Sa 9 – 18 Uhr | **Tipp** In der Schlächterstraße um die Ecke lockt »Die Fruchtgummi-Oase«.

20__Café Saisonal

Die Kräuterfee

Sie mögen ausgefeilte Leckereien, die zudem gesund sind? Dann befinden Sie sich hier genau an der richtigen Adresse. Was wäre der Sommer ohne ein Stück Kuchen mit frisch gepflückten Margeriten-, Veilchen- oder Gundermannblüten? Der Herbst ohne zarte Kastanientarte mit vollwertigem Mehl, der Winter ohne Torte mit fruchtig-frischen Orangenstücken? Das Café Saisonal verwöhnt die Sinne zu allen Jahreszeiten.

Beim Backen und Kochen werden Obst, Gemüse und Wildkräuter verwendet, welche für die Saison typisch sind. Alle Zutaten, die nicht im Garten von Gabi Steinmann wachsen, bezieht sie überwiegend aus dem Biosphärenreservat Bliesgau. Kräuter und Blüten sammelt sie auf umliegenden Wiesen, im Wald oder dem hauseigenen Kräuterbeet. Aber nicht nur hinreißenden Naschwerken können Sie sich hingebungsvoll annehmen. Am Abend finden sich im wechselnden Angebot etwa Bruschetta, Antipasti, Flammkuchen oder Eintöpfe. Dazu vielleicht ein frisch gepresster Orangensaft mit Sahne, eine hausgemachte Limonade, Crémant mit Rosenlikör oder ein Druidencocktail? Die süßen Getränke entstehen aus Mineralwasser und hausgemachtem Sirup, mal mit Rosen-, Himbeer-, Rhabarber-, Zwetschgen- oder Quittengeschmack. Selbstverständlich können Sie alle Backwaren – meist übrigens in Bio-Qualität – auch mitnehmen oder für eine Feierlichkeit bestellen.

Wenn Sie sich für Wildkräuter aus verschiedenen Lebensräumen interessieren, können Sie von April bis Oktober mit der Kräuterfee zur Wanderung antreten und erfahren dabei viel Wissenswertes. Kräuter und Blüten sind nicht nur schmackhaft und sorgen bei Mahlzeiten für eine besonders feine Note, sie verfügen auch über Heilkräfte. Veilchen zum Beispiel, die edlen Pralinen häufig in kandierter Form nicht nur optisch das gewisse Etwas verleihen, lösen Husten und helfen bei Hautproblemen, Weißdorn wirkt durchblutungsfördernd.

Ihrem Hunger sind hier gleich mehrere Kräuter gewachsen.

Adresse Blieskasteler Weg 5, 66453 Gersheim, Tel. 06843/800675, www.cafe-saisonal.de, kontakt@cafe-saisonal.de | **Anfahrt** Bus 501, 504, 551, Haltestelle Saargemünder Straße | **Öffnungszeiten** Sa, So und Feiertage 14–19 Uhr (Bestellungen und Kräuterwanderungen mit Verköstigung nach Vereinbarung) | **Tipp** Ein entschleunigendes Erlebnis ist eine Esel-Jahreszeitenwanderung durch das südliche Bliesgau (hof-sonnenbogen.jimdo.com).

21 Chèvrerie de l'Est

Käse von glücklichen Ziegen

Durch die Adern von Familie Munch fließt ein wenig Ziegenblut. Bereits die Mutter von Marie Munch besaß Schafe und Ziegen. Im Jahr 2009 trat sie in ihre Fußstapfen und begann mit der Milch ihrer beiden Tiere Käse und Milchprodukte herzustellen – zunächst nur für sich selbst. Sie experimentierte viel und es blieb nicht lange bei zwei Ziegen. Das Hobby avancierte zum Familienunternehmen. Tochter Aurélie hat schon ihre eigene Herde.

Die Tiere sind in mehreren großen Freiluftställen mit frischem Heu untergebracht. Zweimal täglich werden sie gemolken. Eine Ziege gibt zwischen drei und dreieinhalb Liter Milch am Tag. Diese wird gleich in die kleine Molkerei gebracht.

In der Chèvrerie de l'Est ist Käse noch echtes Handwerk. Die Produkte sind handgeschöpft und reifen mit einer dünnen Naturrinde, die durch Pflege der Käsestücke in einem Salzbad entsteht. In löchrigen Gefäßen wird der Käse häufig gedreht, damit sich die Molke gleichmäßig verteilen kann. Er besteht aus reiner Rohmilch, ist frei von Zusatzstoffen. Je nach Zubereitungsart kann er nach fünf bis acht Tagen verzehrt werden.

Im Hofladen entdecken Sie viele leckere Kreationen frisch aus der Käserei: kleine runde Stücke oder einen Zwei-Kilo-Käse, mal natur oder mit Kräutern und Gewürzen aus dem eigenen Garten veredelt. Auch Raclette- und Räucherkäse finden sich. Wenn Sie der Ansicht sind, Ziegenkäse schmecke streng, können Sie sich hier vom Gegenteil überzeugen und milde, cremige Genießerstücke mit vollem Aroma kosten. »Ziegenkäse schmeckt nur streng, wenn er älter ist«, klärt Marie Munch auf. Zudem sei der Geschmack vom Futter der Ziegen abhängig: »Wenn die Tiere viel Gras fressen, schmeckt der Käse leicht bitter. Wir füttern nur Trockenfutter.« Die Chèvrerie de l'Est bietet auch Besichtigungen der Farm und der kleinen Molkerei inklusive Käsedegustationen an, auch für Schulklassen.

Wer käme hier nicht auf die Ziege?

Adresse 18 Rue Saint-Pierre, F-57980 Diebling, Tel. +33/387028819, http://chevreriedelest.voila.net, chevreriedelest@laposte.net | **Anfahrt** Autobahn A 620, Ausfahrt Schönbach/Unner, weiter auf Saargemünder Straße (B 406/E 29), weiter auf Rue de Sarrebruck (E 29/N 61), immer N 61 folgen, Auffahrt links Richtung Sarreguemines, Ausfahrt Richtung Rue d'Ippling, 1. Ausfahrt im Kreisel auf die Rue d'Ippling, der D 910 circa 7 Kilometer folgen, in Diebling rechts auf die Rue Saint-Pierre abbiegen | **Öffnungszeiten** Sa 14–18 Uhr (meist Pause von Dezember bis März) | **Tipp** Ein paar Meter weiter entdecken Sie im »L'aquarium du Discus« wunderbare Wasserwelten.

22__Chocolat

Die nicht nur dunkle Sucht

Anne Bourdon ist die Vianne Rocher von Saarbrücken. In der fabelhaften Schokoladenwelt von Madame Bourdon lernen Sie alle Facetten der Kakaobohne kennen.

Schon beim Betreten können sich die Augen nicht sattsehen an Dekorationen aus Kakaoschoten und den unzähligen bunten Tafeln oder Päckchen in allen Größen, die überall liegen, stehen oder hängen. Manche sind wie romantische Post in Packpapier gewickelt, beschriftet und mit Kordel verschnürt, bei anderen erhält der Betrachter bereits einen Vorgeschmack auf den Inhalt.

Hier ist Schokolade nicht immer süß, sondern durchaus mal bitter, blumig, fruchtig oder extravagant. Sie zeigt sich auch nicht immer von ihrer dunklen Seite. Einige Tafeln sind verziert mit kandierten Blüten oder Fruchtstücken, andere wiederum mit farbigen Schokodrucken. Wie wäre es denn mit »Matcha-Mango«, »Rotwein«, »Getoastete Nüsse + Lavendel« oder »Beeren mit Flieder«? Neben Tafeln, Kakaopulvern, Nougataufstrichen, Trinkschokolade am Stiel oder schokolierten Früchten findet sich eine große Auswahl an Pralinen und Kakaobohnen – mal natur, mal mit Gewürzen verfeinert. Für Puristen bieten sich Vollmilchschokoladen mit über 50 Prozent oder Tafeln mit 100 Prozent Kakaoanteil an. In dem kleinen Schokoladengeschäft sind Chocolatiers aus Spanien, Belgien, Österreich, Madagaskar oder Ecuador vereint. Wie sich der Geschmack unterscheidet? »In Madagaskar schmecken die Kakaobohnen fruchtig, in Peru leicht nach Karamell.« Ins Sortiment aufgenommen werden nur Hersteller, die Kinderarbeit nicht unterstützen.

Bei Madame Bourdon findet jeder Anhänger der süßen Sucht seine Sorte. Veganer etwa entdecken Schokolade ohne tierische Inhaltsstoffe, Allergiker lactose-, gluten- oder nussfreie Varianten. Interessierte können außerdem Seminare buchen.

An diesem Ort müssen Schokoladenfreunde nicht schwarzsehen. Lassen Sie sich entführen in die kunterbunte Welt der dunklen Sucht.

Adresse Fröschengasse 15, 66111 Saarbrücken, Tel. 0681/9383802, www.chocolat-saarbruecken.de, info@chocolat-saarbruecken.de | **Anfahrt** Bus 102, 103, 104, 106, 107, 109, Haltestelle Rathaus | **Öffnungszeiten** Mo–Fr 10.30–19 Uhr, Sa 10–18 Uhr | **Tipp** Wenn Sie sich vor dem Nachtisch stärken möchten, können Sie um die Ecke in der »Tante Maja« hervorragend essen.

23 Clinique de poupées

Letzte Chance für kranke Puppen

»Achtung, Achtung! Besonders schwerer Fall mit Schädelfraktur eingeliefert. Frau Doktor Sedlmeier dringend in den OP!« Der Patient befindet sich nicht bei Bewusstsein. Sein Kopf ist zertrümmert, viele Einzelteile liegen daneben. Ob ihm geholfen werden kann?

Keine Bange – die Klinikleiterin behandelt täglich solche Fälle. Selbst Patienten über 100 Jahre konnte sie bereits erfolgreich heilen. Der Operationstisch ist umgeben von Aberdutzenden Utensilien wie Schraubenziehern, Zangen oder Gelenkscheiben. Erika Sedlmeier säubert, pinselt, klebt – und – siehe da: Bereits ein paar Stunden nach dem Eingriff ist der Patient wohlauf und schaut sein Gegenüber mit wachem, fröhlichem Blick an. Dagegen erscheinen kleine Eingriffe wie etwa der Wiederaufbau einer Nase oder Restaurationen von Puppen und Teddybären fast harmlos.

Zur Puppenklinik kam die gelernte Industriekauffrau völlig überraschend. Als sie 2005 auf der Suche nach einer neuen Beschäftigung war, hörte sie im Radio die »Beerdigungssendung« der Puppenklinik Doer. Drei Jahre hatte der Saarländische Rundfunk vergeblich nach einem Nachfolger gesucht. Dann meldete sich Erika Sedlmeier. Rund zwei Jahre erlernte sie das Handwerk, schließlich übernahm sie die Leitung.

Aber auch das kleine Ladengeschäft lockt Liebhaber besonderen Spielzeugs und Sammler an. Neben hochwertigen Puppen oder Bären in allen Größen und Materialien finden Sie Bekleidung, Accessoires oder Schuhe. Wie wäre es mit einem kuscheligen Pullover oder gar einem Musikinstrument? Sie möchten eine Puppe oder einen Bären selbst anfertigen? Neben Masken für Puppengesichter und Stoffen können Sie etwa Augen und Stimmen entdecken.

Erika Sedlmeier hat schon vielen Patienten das Leben gerettet und mit neuen Gliedmaßen versehen. Ab und an wird auch mal eine junge Puppe geopfert, damit eine alte überleben kann. In ihrer Klinik erlangen Puppen, Bären und ihre Besitzer neues Lebensglück.

Adresse 30 Rue de Forbach, F-57350 Spicheren, Tel. + 33/387886221, www.clinique-de-poupees.com, erikasedlmeier@googlemail.com | Anfahrt Autobahn A 620 Richtung Saarbrücken, Ausfahrt Messegelände, dann der L 273 folgen, am Ende rechts abbiegen in die Metzer Straße, nach 200 Metern links auf die Straße »Zum Zollstock« abbiegen, D 32 C folgen, nach circa 2,5 Kilometern rechts in die Rue de Forbach abbiegen | Öffnungszeiten Di und Do 14.30–18 Uhr und nach Absprache | Tipp Im Nebenort Alsting können Sie die »Église Saint Pierre« mit historischem Friedhof und Mariengrotte besichtigen.

24 Monika Corona Kunst

Die Krönung

Bei Monika Corona tummeln sich Staffeleien, Leinwände, Gläser mit Pinseln, Farbtuben und Pigmente. Hier wird gepinselt, getupft, lackiert und stets mit neuen Techniken experimentiert. Was die Künstlerin denn macht? Auf Acryl trägt sie eine Substanz auf – und wie bei einem kleinen Erdbeben entstehen plötzlich kleine Risse, die versteckte Farbschichten zum Vorschein bringen. Aber das Spektakel ist noch nicht zu Ende! Auf diesem Parkett beginnt eine hellblaue Pastellkreide unter Führung der Künstlerin zu tanzen und Linien zu zaubern – so lange, bis ein Gesicht zu erkennen ist.

In ihrem Atelier lässt Monika Corona faszinierende Frauenporträts entstehen. Einige Kunstwerke werden komplett mit Acryl geschaffen, andere mit Mischtechniken. Sie zeigen allesamt moderne Frauen – ob elegant, verspielt, melancholisch, schräg, witzig, frech oder sexy. Mal werden in Pastelltönen Nymphen mit Muscheln in den Haaren märchenhaft koloriert, mal mit kräftigen Farben selbstbewusste Schwimmerinnen im plakativen Pop-Art-Charme inszeniert. An einer Wand schwärmt eine geheimnisvolle Schöne mit Fächer durch die Nacht, auf dem Boden entspannt eine moderne Marilyn Monroe in der Badewanne. Im Atelier der charismatischen Pfälzerin mit dem langen blonden Haar und dem ansteckenden Lächeln können Sie Hochglanzpostkarten mit Motiven der Gemälde erwerben, hochwertige Kunstdrucke und sogar Originale. Oder wie wäre es im Dezember mit einem Corona-Kunstkalender? Einmal im Jahr lädt die Malerin, die auch Buchcover illustriert, zum Tag des offenen Ateliers. Von den Einnahmen der Postkarten werden übrigens 50 Prozent an ein Waisenhaus in Namibia gespendet.

Bei jeder Corona-Arbeit gibt es wahnsinnig viel zu entdecken – ob in den Gesichtern, dem Hintergrund, den Strukturen oder der Linienführung. Mit ihren Bildern lädt die Künstlerin zum Verweilen ein und setzt dem großen Staunen ihre ganz eigene Krone auf.

Adresse Atelier Monika Corona, Pirmasenser Straße 26, 66482 Zweibrücken, Tel. 0176/96407992, Corona_Monika@yahoo.de | **Anfahrt** Bus 224, 225, 232, 234, 240, Haltestelle Pirmasenser Straße | **Öffnungszeiten** Das Atelier öffnet für Sie nach Vereinbarung per Telefon oder Mail. | **Tipp** Nun haben Sie Lust bekommen, selbst kreativ zu werden? Ein paar Straßen weiter in der Hofenfelsstraße finden Sie in »Marions Bastelstube« viele Utensilien zum Basteln von Schmuck, Puppen oder Teddybären.

25 Daarler Schatzkammer

Vom Suchen und Finden der Schätze

Die Schätze, die sich in dieser Schatzkammer tummeln, bestehen nur selten aus Gold und Silber. Sie sind auch nicht mit Rubinen oder Smaragden besetzt. Es handelt sich um Kleinode unterschiedlichster Art.

Kaum hat der Neugierige die Kammer betreten, weiß er gar nicht, wo er als Erstes hinblicken soll: An die Decke zu den mal edel, mal verspielt anmutenden Kronleuchtern? Zu den großen Schränken oder kleinen Tischen, auf denen etwa Schmuck, Porzellan, Gläser oder seltene Jugendstilvasen versammelt sind? Viele Erinnerungsstücke wie alte Puppen oder Abendkleider sind darunter – wem sie wohl gehört haben, welche Geschichten sie zu erzählen hätten? Bei kaum einem Gegenstand hat man das Gefühl, ihn schon einmal an anderen Orten gesichtet zu haben.

Das Stöbern in der opulenten Fülle origineller Gegenstände macht fast noch mehr Spaß als das Finden. Man fühlt sich plötzlich zurückversetzt in die Kindheit, in der man sich in Abwesenheit der Eltern heimlich auf den Dachboden schlich oder mit herbeigezogenem Hocker die obersten Etagen der Schränke durchforstete, um Altes und Vergessenes neu zu entdecken und womöglich ein, zwei gefundene Schätze mit in sein Zimmer zu schmuggeln. Auch hier entdeckt man sie, jene besonderen kleinen Dinge, die große Freude bereiten. An diesem Ort ticken die Uhren noch anders – genauso wie in Kindertagen auf dem Dachboden.

Gabriele Langenstein, Soziologin und Liebhaberin rarer Schätze im Unruhezustand, war schon immer begeisterte Flohmarktgängerin und sammelt selbst Glas und Silber. Ihre Schatzkammer soll anderen Freude bereiten, Anlaufpunkt zum Stöbern, Plaudern, Philosophieren sein, als kleine Ruheoase im stressigen Alltag fungieren. Ein wichtiges Kriterium, nach der die auffindbaren Artikel ausgewählt werden: der Preis. »Jeder soll sich einen Schatz leisten können«, so die Schatzhüterin.

In der Daarler Schatzkammer findet ein jeder sein ganz persönliches Kleinod.

Adresse Saargemünder Straße 89a, 66119 Saarbrücken, Tel. 0681/5847629, www.daarler-schatzkammer.de, Langenstein@daarler-schatzkammer.de | **Anfahrt** Bus 108, 126, 128, Haltestelle Schenkelberg | **Öffnungszeiten** Mo–Fr 15–18 Uhr, Sa 10–13 Uhr und nach Vereinbarung | **Tipp** Um die Ecke am Erich-Kästner-Platz können Sie sich im »Theater Überzwerg«, dem größten professionellen Kinder-, Jugend- und Familientheater im Saarland und Rheinland-Pfalz, Stücke anschauen.

26 Design Textinova

Absolut Kork

Die Rinde der Korkeiche bildet einen wunderbaren Werkstoff. Sie ist besonders leicht, flexibel, wasserabweisend, feuerfest und verdirbt nicht. Produkte aus Kork sind daher unempfindlich und wirken zeitlos wie Leder. Der Unterschied: Es müssen keine Tiere dafür sterben. Auch keine Bäume – denn die Korkeiche ist der einzige Baum, dessen Rinde nachwächst. Alle neun Jahre kann eine Ernte erfolgen. Eine Korkeiche wird mehrere hundert Jahre alt und liefert während ihres Lebens bis zu 200 Kilo Rinde.

Kork macht sich durchaus nicht nur gut als Verschluss der Weinflasche oder als Pinnwand. Bei Textinova eröffnen sich völlig neue Entfaltungsmöglichkeiten für das einzigartige Naturmaterial. In dem kleinen Verkaufsraum tummeln sich etwa Kleider, Schuhe, Regenschirme, Handschuhe, Hüte, Gürtel, Ketten, Geldbörsen oder Taschen aus dem Baumwunder. Wie sich Kork anfühlt? Weich und samtig. Wie er riecht? Gar nicht.

Die Produkte liegen in den unterschiedlichsten Korkvarianten vor. Die unifarbenen Stücke – mal hellbeige, mal etwas dunkler – erscheinen puristisch und elegant. Dann gibt es noch jene mit Strukturen oder hochinteressanten Mustern, welche an die Färbung von Schlange, Zebra, Giraffe oder Tiger erinnern. Diese entstehen durch Feuereinwirkung; kurz mit einer Flamme an dem Material entlanggestrichen, verfärbt es sich rasch. Besonders edel muten die Handtaschen in typischer Korkfarbe an, zwischen der goldfarbene Fragmente aufblitzen.

Alle Produkte stammen aus Portugal, dem Land der Korkeichen und der Heimat von Neves Barros und ihrem Sohn Mike, der gern Schmuck aus Kork gestaltet. Neben Fashion und Accessoires lassen sich ebenfalls wärmeisolierende Bodenbeläge oder Tapeten aus Kork bestaunen. Auch hier steht eine große Auswahl an Designs zu Verfügung. Bei Textinova können Sie sich und ihre Wohnung komplett in den Kork-Chic hüllen oder aufregende Akzente setzen.

100 Prozent zeitlose Eleganz.

Adresse 6 Rue Pierre Risch, L-5450 Stadtbredimus, Tel. +352/621497337, www.design.textinova.eu, mail@design.textinova.eu | **Anfahrt** Autobahn A 8, Ausfahrt Schengen, dann links auf N 10 Richtung Remich, im Kreisel 1. Ausfahrt, dem Verlauf der N 10 durch Remich folgen, nach circa 11 km links in Rue Pierre Risch abbiegen | **Öffnungszeiten** Mo–Fr 10–12 und 14–18 Uhr, Sa und So nach Vereinbarung | **Tipp** Am zweiten Augustwochenende zieht das große Wein- und Winzerfest Unternehmungslustige nach Stadtbredimus, im restlichen Jahr sind es Wanderwege, die an Weinbergen oder Aussichtspunkten vorbeiführen.

27 Domaine Alice Hartmann

Spitzenwein von beiden Seiten der Mosel

Alice Hartmann ist die einzige luxemburgische Domaine mit Weinbergen in drei europäischen Ländern.

Wormeldange an der deutschen Grenze, wo das Anwesen über dem Flusslauf der Mosel thront, gilt als bedeutendste Rieslinggemeinde auf der luxemburgischen Moselseite. Hier gedeihen die Reben des Weinguts in ausgezeichneten Lagen, so etwa im »Koeppchen«, einem Südhang mit 55 Prozent Steigung. Weitere Reben entfalten sich auf der deutschen Moselseite, an der Saar und im französischen Burgund. Neben Riesling werden auch Chardonnay und Pinot Noir angebaut. Wie wäre es mit einem Glas Riesling Auslese lieblich Jahrgang 2013 von der Trittenheimer Apotheke, der vom Gault & Millau mit 91 Punkten bedacht wurde, einem Chardonnay Épuisé oder der »Hartmann Grande Cuvée«, die nach Hachette zu »Les meilleurs Vins du Monde« zählt?

Doch wer ist eigentlich Alice Hartmann? Die dunkelhaarige Frau mit dem roten Tuch, deren Fotos die Wände zieren, ist es nicht. Alice Hartmann und ihr Mann führten die Domaine ab den 1920er Jahren und legten den Grundstein für eines der erfolgreichsten Weingüter Luxemburgs – auch wenn es nach der Übernahme komplett modernisiert wurde. Nach dem Tod ihres Mannes behauptete sich Alice Hartmann allein in einer Männerdomäne und stattete sogar die britische Königsfamilie mit Riesling aus. 1996 wurde es von Pierre Wesner und Jean Godard übernommen, die beide aus Weinbaufamilien stammen.

Der hauseigenen Weinkellerei ist eine kleine Destillerie angegliedert, in der edle Brände, Digestifs auf Traubenbasis und Trester – in Luxemburg als »Marc« bezeichnet – hergestellt werden.

Freitags und nach Vereinbarung können Sie bei der Domaine Alice Hartmann Wein oder Destillerieprodukte kaufen oder Weinproben im ehemaligen, klassisch anmutenden Wohnzimmer von Alice Hartmann buchen. Da der Crémant und einige Weine rasch ausverkauft sind, sollten Sie Ihre Bestellung rechtzeitig reservieren.

Adresse 72–74 Rue Principale, L-5480 Wormeldange, Tel. +352/760002, www.alice-hartmann.lu, domaine@alice-hartmann.lu | **Anfahrt** Bus 157, Haltestelle Wormeldange | **Öffnungszeiten** Fr 14–18 Uhr und nach Vereinbarung | **Tipp** Direkt gegenüber liegt das nächste Weingut (»Weingut Pundel«).

28 Edel + Stein

Heimat der Steine

Etwas abseits der Fußgängerzone in Merzig liegt der Eingang zu einer Höhle versteckt, die nur von großen Salzsteinen beleuchtet wird und deren Innenleben von außen ein Mysterium bleibt. Kaum hat man diesen Ort betreten, ertönen entspannende Klänge. Leichter Rauch steigt vom hinteren Ende des Raumes auf und verbreitet einen magischen Duft. Inmitten dieser urgemütlichen Höhle steht ein großer Baum, von dessen Ästen Kristalle und Ketten funkeln.

Bei Edel + Stein findet man viel Edles – sinnigerweise vor allem aus Stein. Aus Edelstein, um genauer zu sein. An Holzvertäfelungen mit geheimnisvollen Schnitzereien hängen Edelsteinketten in allen Farben. Aus Vitrinen glänzen Glasherzen mit echten exotischen Blüten zum Umhängen. Auf Tischen tummeln sich Colliers mit großen, geschliffenen Stücken von Amazonit, Aquamarin oder Amethyst, über deren Wirkung auf Körper und Seele Ute Borger gern aufklärt. »Oftmals werden die Menschen gleich von dem Stein angezogen, den sie benötigen«, so die Herrin der Höhle.

Zu edlem Steinschmuck gesellen sich regionale Köstlichkeiten. Da Merzig eine renommierte Viezregion ist, vor allem Produkte rund um den Viez – jenen beliebten Apfelwein von Früchten der Streuobstwiese, bei dem jeder Flascheninhalt etwas anders schmeckt. Neben klassischen Viezprodukten stehen etwa Viez-Likör oder Viez-Gelees zur Auswahl. Völlig neue Geschmackserlebnisse eröffnen der selbst hergestellte Eichenlaubbrand oder das Rosengelee mit Rosenquarz. Auf ganz Mutige wartet das Merziger Wolfsblut …

Ursprünglich wurden bei Edel + Stein nur regionale Spezialitäten verkauft – bis Klaus Borger die Steine einschleppte und auch eigene kleine Kollektionen entwarf. Nahezu unbearbeitete Steine avancieren kunstvoll verdrahtet zu Schmuckstücken der Extraklasse – darunter Stücke mit Achaten aus St. Wendel oder dem Taunus-Quarzit.

Der einzig steinige Weg in dieser Höhle ist jener der Entscheidung.

Adresse Friedrichstraße 1, 66663 Merzig, Tel. 0170/2039251, www.edel-und-stein-saar.de, ute@edel-und-stein-saar.de | **Anfahrt** Bus 203, 204, 207, 215, AST 208, R1, Haltestelle Neues Rathaus; Bahnhof Merzig | **Öffnungszeiten** Di, Do, Fr 10–12 und 15–18 Uhr, Mi und Sa 10–13 Uhr | **Tipp** Am Rande von Merzig können Sie im weltweit bekannten »Wolfspark Werner Freund« in sieben Gehegeanlagen Timber-, Polar- oder schwedische Wölfe beobachten.

29 Einzigart

Alles so schön bunt hier …

Einzigart hat sich ganz der Förderung verschrieben. Und das gleich zweifach. Zum einen finden Sie hier vor allem einzigartige Dinge von Nachwuchsdesignern aus der Großregion, die oftmals kein eigenes Geschäft betreiben und Einzigart als Verkaufsinsel nutzen. Zum anderen widmet sich der Caritas-Laden der Ausbildung und beruflichen Integration sozial benachteiligter Jugendlicher, ausgewählt durch die Agentur für Arbeit Trier. So erhalten hier etwa Alleinerziehende, Menschen mit Lernbeeinträchtigungen oder aus schwierigen Familienverhältnissen die Chance auf eine qualitativ hochwertige Berufsausbildung.

Einzigart wird von rund zwanzig Azubis und ihren Ausbildern geführt. Eröffnet wurde das Geschäft 2007. Anfangs wartete es mit isländischer Bekleidung auf. Inzwischen findet sich eine auserlesene, kunterbunte Mischung aus Klamotten, Schmuck, Taschen, Papeterie und Wohnaccessoires. An einer selbst gestalteten Garderobe findet man schicke Tücher und Handtaschenunikate. Auf Kommoden erspäht man originelle Wendeloops, Ketten aus Glas, stylishe Fußkissen, Kinderbekleidung im Retrolook, märchenhaftes Geschirr oder schräge Grußkarten.

Gleichermaßen wird das Geschäft von Familien, Alleinstehenden, Studenten, Rentnern, Bodenständigen und Trendsettern aufgesucht. Kleine Mädchen stöbern etwa Strümpfe mit Märchenfiguren oder Steckenpferde mit buntem Kopf auf, kleine Jungs Raketen zum Kuscheln oder handgemachte Bonbons. Große Mädchen verlieben sich in Shirts mit flotten Sprüchen oder einen feschen Hut, große Jungs in Handwerkersets mit coolem Design oder eine »Unabux«. Die meisten Produkte werden von ihren Designern vor Ort vorgestellt. Einige wählen die Azubis aber auch beim gemeinsamen Besuch auf Designmessen in der Region aus. Zwischen aufwendigen Dekorationen, die mit viel Liebe zum Detail gestaltet wurden, entdecken Sie Menschen und Produkte so einzigartig, bunt und fröhlich wie das Leben.

Adresse Johann-Philipp-Straße 1a, 54290 Trier, Tel. 0651/2096336, www.facebook.com/Einzigart.Lieblingsstuecke, ruedinger.melanie@caritas-region-trier.de | **Anfahrt** Bus 2, 30, 33, 81, 84, Haltestelle Konstantin Basilika | **Öffnungszeiten** Mo–Fr 10–18 Uhr, Sa 10–16 Uhr | **Tipp** Ganz in der Nähe erblüht der Palastgarten im Sommer ebenso bunt.

30 Fanfan

Facettenreiche Farbenwelt

Aufgepasst, liebe Tagträumer und Nachtschwärmer, Traumtänzer und Luftschlosseroberer: Diese Boutique verzaubert durch ausgefallene Mode, die Farbe bekennt. Hier entdecken Sie Stücke, die den Paradiesvogel in Ihnen zu neuem Leben erweckt. Extravagante Trägerinnen können diese wild durcheinander kombinieren, klassische Typen mit ein, zwei peppigen Teilen oder schrägen Accessoires atemberaubende Akzente setzen. Nicht zu vergessen die Männer, die für ihre Frauen auf der Suche nach einem ganz besonderen Stück sind.

Die meisten Oberteile, Röcke, Kleider oder Mäntel stammen aus Frankreich – dem Heimatland der Inhaberin Martine Wack. Darunter etwa viele Glanzstücke der Labels »Inge de Jonge«, »Isabelle et Sebastien« aus der Provence und »Antocharis« aus dem Elsass. Sogar die zauberhaften Kreationen von »Magnolia Pearls« aus den USA oder »Poupée Chic« aus Bilbao können Sie mit nach Hause tragen. Märchenhaft: In den Ankleidekabinen finden Sie sich auf einmal in der Welt von »Alice im Wunderland« wieder.

Außerdem können Sie bei Fanfan ausgefallene Ketten, Ringe, Taschen, Schirme, Wohnaccessoires, Musikinstrumente und Gemälde erkunden. Eine Mischung, die ihresgleichen sucht. Doch wo soll man zuerst hinschauen? Auf die türkisfarbene Tasche mit dem üppigen Blumenbesatz? Die Ketten mit überdimensionalen Jesus- und Marienfiguren, Blumenelfen oder Tieranhängern? Oder doch auf Aphrodite, die sich gleich auf mehreren Bildern räkelt?

Vor allem die Fülle an Facetten und Farben ist es, die nicht nur Saarländer zu Martine Wack führt. Die gelernte Juristin kam über Werbung und Innendekoration zur Mode. »Meine Welt ist voller Poesie und Leidenschaft, wo Kleidung viel mehr bedeutet als nur ein Outfit. Es ist eine Lebensart voller Farben und Phantasie, mit vielen bunten Schmetterlingen im Kopf und im Herz.« Bei Fanfan finden Sie auch beim miesesten Wetter ein Stück vom Regenbogen.

Adresse Mainzer Straße 11, 66111 Saarbrücken, Tel. 0681/93868838, www.fanfan-mode.com, fanfan-mode@t-online.de | **Anfahrt** Bus 126, 128, R 9, R 10, STB 1, Saarbahn S 1, Haltestelle Landwehrplatz | **Öffnungszeiten** Mo, Di, Do, Fr, Sa 10.30 – 19 Uhr, Mi auf Anfrage | **Tipp** Für alle Nachtschwärmer, welche die Dunkelheit gebührend feiern möchten, bietet die »Garage« eine Straße weiter in der Bleichstraße ein buntes Programm.

31__Eric Farries Schmuckgalerie

Schmuck aus Homburg, Fidschi und dem Weltraum

Mitten in Homburg verzaubert eine Goldschmiede mit Schmuckstücken aus außergewöhnlichen Materialien.

Römerschmuck made in Homburg: Auf der Basis von Wachs werden Funde aus dem Römermuseum Homburg-Schwarzenacker nachmodelliert. In erster Linie sind es Stücke, die bereits vor rund 2.000 Jahren als Schmuck dienten. Darunter eine Fibel, die erst 2010 bei einer Grabung an Haus Fünf, einer ehemaligen römischen Stadtvilla, aufgefunden wurde. Die Anhänger entstehen aus Bronze oder Silber.

Funkelndes von Fidschi: Nicht nur die Strandlandschaft schmückt den Inselstaat Fidschi. Ein seltener Glanz geht vor allem von der Fidschi-Perle und ihrer facettenreichen Farbpalette aus: Einige Perlen schimmern goldfarben, andere wiederum in unterschiedlichen Grüntönen oder schillern gar in schokoladigen Nuancen. Die Fidschi-Perle stellt für das kreative Team ein »besonders spannendes Thema« dar. »In vielen wird ein einzigartiger Farbverlauf erkennbar«, so Ramona Brass. Neben prächtigen Ketten aus Fidschi-Perlen in einer oder gleich mehreren Farbvarianten sind auch Stücke erhältlich, an denen Perlen und Hämatit um die Wette funkeln.

Wundersames aus dem Weltraum: Um 1800 wurde Tantal erstmals entdeckt. Es ist das seltenste Metall des Sonnensystems. In der Eric Farries Schmuckgalerie wird es zu Schmuck verarbeitet. Das Faszinierende hier? »Man weiß nie genau, woher das Tantal stammt.« Nicht nur Colliers in dem graphitfarbenen, glänzenden Metall sehen umwerfend schick aus, auch Ringe oder Ohrringe. Für die/den Liebste/n können Sie außerdem eine Botschaft in das Schmuckstück lasern lassen.

Daneben finden sich viele andere Stücke im Repertoire der Galerie – seien es welche mit Rohdiamantwürfeln oder Wickelschmuck. Egal, ob Sie sich für ein Stück aus Homburg, Fidschi oder dem Sonnensystem entscheiden – mit Farries sind Sie immer bestens geschmückt.

Adresse Marktplatz 13, 66424 Homburg, Tel. 06841/176800, www.farries.de, info@farries.de | **Anfahrt** Bus 285, 286, 501, 505, 508, 511, 512, 513, 551, R 7, Haltestelle Marktplatz; Hauptbahnhof Homburg (Züge in alle Richtungen) | **Öffnungszeiten** Mo–Fr 9.30–18.30 Uhr, Sa 10–14 Uhr | **Tipp** Neben dem »Römermuseum« müssen Sie unbedingt die »Schlossberghöhlen« besichtigen, die zumindest im Sommer in ebenso vielen Nuancen wie die Fidschi-Perle schimmern und zu jeder Jahreszeit zur faszinierenden Erkundung laden.

32 Fetzer

Fetziges aus Teig und Biskuit

Mehl, Eier und unzählige Rührschüsseln stehen bereit. Gegenüber versammeln sich Miniaturformen, Konditorharfe und Airbrushpistole. An diesem Schauplatz agieren des Nachts Bernd und Hagen Fetzer – ein Dreamteam mit der Mission, Anhängern bodenständigen Backwerks wie zauberhafter Zuckerkreationen das Leben zu versüßen. Für Johann Lafer zählen sie zu »Deutschlands besten Bäckern«.

Bäckermeister Bernd Fetzer lässt ein komplettes Sortiment an Brot, Brötchen und Laugengebäck nach eigenen Rezepturen entstehen. In dieser Wellnessbäckerei hat das Brot Zeit, sich zu entspannen und gibt dem Hungrigen eine Scheibe Erholung mit auf den Weg. Fertige Backmischungen werden nicht aufgetischt! Stattdessen Natursauerteig, handwerkliches Geschick und die notwendige Geduld. Ihr Geburtstag steht an? Wie wäre es mit einem Brot in Form Ihres Sternzeichens? Auch beim traditionellen fluffigen »Biesinga Kranzkuche« kann man den Unterschied zu gestressten Backwaren schmecken.

Neben dem Vater entfaltet sich Hagen Fetzer – Special Agent of Patisserie. Seine Spezialität: Petit Fours. Auf einem Blech verführt eine knallrote, kesse Erdbeere aus Marzipan auf zitronengelbem Fondant zum Vernaschen des mit Mandelweincreme beschichteten Biskuittörtchens. Direkt daneben ein üppiges Herz mit verziertem Täfelchen aus weißer Schokolade. Zum Anbeißen, diese kleinen großen Kunstwerke! Für nicht ganz so große Zuckerfans bieten sich auf Wunsch Petit Fours mit Obst, leichte Desserts im Glas oder herzhafte Canapés an.

Die Leidenschaft für Backwaren liegt in der Familie. Bereits in vierter Generation wird kein Sonderauftrag gescheut, kein noch so kleines Detail vergessen. Die Rohstoffe werden aus der Region bezogen – dem Biosphärenreservat Bliesgau. Für den Biesinger Kranzkuchen stellt die Ormesheimer Mühle eine spezielle Mischung zusammen.

Die hochwertigen Backwaren sind mal rustikal, mal zuckersüß – aber stets fetzig.

Adresse Im Dorf 14, 66440 Blieskastel-Biesingen, Tel. 06803/433, Mobil 0176/30453473, www.baeckerei-fetzer.de, info@baeckerei-fetzer.de | Anfahrt Bus N1, R10, R14, Haltestelle Biesingen Ortsmitte | Öffnungszeiten Mo, Di, Do, Fr 6.15–12.15 und 14.30–18 Uhr, Mi 6–12.30 Uhr, Sa 6–13.30 Uhr | Tipp In Blieskastel wartet der »Gollenstein« auf Ihre Besichtigung – der etwa 4.000 Jahre alte, größte Menhir Mitteleuropas.

33 Fifty-6

Aufregend bis in die Zehenspitzen

Wenn Sie das Kopfsteinpflaster auf dem St. Johanner Markt betreten, mag es passieren, dass Sie Ihre Beine plötzlich nicht mehr recht kontrollieren können. Ihnen wird nichts anderes übrig bleiben, als den hibbeligen Füßen zu folgen, die erst nach dem Betreten von Fifty-6 und dem Anblick äußerst aufregenden Schuhwerks für jede Laune und Gelegenheit zum Stehen kommen.

Die Anordnung der Sneaker, Ballerinas, Boots, Stiefeletten, Pumps und High Heels oder auch Kleidungsstücke nach Farbtönen mit passenden Accessoires und Dekorationen ist ein Fest für die Augen. Auf einer Kommode zieht eine anthrazitfarbene bis schwarze Welt mal mit metallischem Glanz, mal mit Reptilienoptik oder Nieten die Blicke auf sich. Gegenüber erzählen Schuhe mit originellen Mustern Geschichten, während edles Herrenschuhwerk mit Budapestermuster Farbe bekennt. Wie wäre es mit einem coolen Cap, einem eleganten Shirt, einer prunkvollen Kette oder einer Handtasche im Pop-Art-Stil?

Kaum sind Sie aus der Tür getreten, öffnet sich in einem der anliegenden pittoresken Altstadtgässchen schon die nächste und entführt mal Sie, mal Ihn in grobledrige oder feinstoffliche Dimensionen.

Romy und Max Schoenberg sind im Jahr mehrere Monate auf internationalen Schuh- und Modemessen in Berlin, Paris, Kopenhagen oder Mailand unterwegs, um neue Eyecatcher aufzuspüren. Sie arbeiten mit kleinen, feinen Manufakturen zusammen, die man sonst kaum irgendwo entdeckt, und die sich nicht selten Jahre später zu weltbekannten Marken etabliert haben. Kein Wunder, dass Fifty-6 bereits zum »Besten Schuhfachhändler Deutschlands« gewählt wurde. Was Max Schoenberg am Verkaufen fasziniert? »Der Mensch!« Das glaubt man ihm, ohne mit der Wimper zu zucken. Denn hier wird der Mensch nicht in ein 08/15-Outfit gesteckt, sondern seiner Individualität Ausdruck verliehen.

Das fulminante Schuh- und Fashionrepertoire wirkt nicht nur auf Ihre Füße magnetisierend.

Adresse Bahnhofstraße 1–3, 66111 Saarbrücken, Tel. 0681/35657, www.fifty-6.eu, sbfifty6@aol.com | **Anfahrt** Bus 102, 103, 104, 106, 109, Haltestelle Rathaus | **Öffnungszeiten** Mo–Fr 10–19.30 Uhr, Sa 10–19 Uhr | **Tipp** Auf Ihren neuen Schuhen können Sie zur »Gaststätte Gemmel« stöckeln oder schreiten und sich kulinarisch verwöhnen lassen.

34 Fine's Feinkost

Delikates aus aller Herren Länder

Am historischen Marktplatz in Homburg begrüßt Sie Julia Spies in ihrem kleinen, aber feinen Feinkostladen.

Wenn möglich, bezieht Madame Fine ihre erlesenen Produkte aus der Großregion. Das ist nicht schwer, denn im Saar-Lor-Lux-Gebiet gibt es allerlei kleine Manufakturen, in denen herausragende und bereits vielfach ausgezeichnete Produkte entstehen. In der Einrichtung im Retrostil tummeln sich etwa Obstbrände der Destillerie Bertrand im Elsass, frischer Ziegenkäse vom Birkenhof Nassweiler, Honig aus einer Imkerei in Losheim oder der erste saarländische Gin aus dem Herzen von Saarbrücken, der als Spirituose des Jahres 2014 nominiert wurde.

An der Frischetheke warten über 50 französische und spanische Käsesorten sowie Antipasti. Jene traditionellen Wurstspezialitäten, die sich dort finden, stammen aus dem Elsass. Die Salami von Wildschwein, Hirsch oder Esel wird mit Kostbarkeiten aus Wald oder Garten veredelt. Je nach Saison ist die Wurst mit zerkleinerten Walnüssen, Maronen, Feigen, Fenchelstückchen oder Bärlauch verfeinert. Das Richtige für den Gourmet: die Salamipralinen. An den Wochenenden entdecken Naschkatzen leckere, frischgebackene Tartes und exquisite Macarons sowie Eclairs; Herzhafte greifen zu einem Stück Quiche, die man nicht nur in Lothringen so gern genießt – mal mit Lachs, Brokkoli, Basilikum oder Ziegenkäse und Kirschtomaten.

Das Feinkostrepertoire umfasst außerdem Spezialitäten und Leckereien aus aller Herren Länder. Feinste Limonaden und Tonics aus England, Wein und Spirituosen aus Frankreich und Spanien, Öle und Gewürze von rund um den Globus. Julia Spies ist gelernte Schuhdesignerin. Sie arbeitete schon in Spanien, Portugal und Frankreich an Schuhwerk, wo sie auch spezielle Feinkostprodukte ausfindig machte.

Laden Sie sich doch einmal selbst zu etwas Feinem ein.

Adresse Marktstraße 2, 66424 Homburg, Tel. 06841/8185218, www.finesfeinkost.de, info@finesfeinkost.de | **Anfahrt** Bus 285, 286, 501, 505, 508, 511, 512, 513, 551, R 7, Haltestelle Marktplatz; Hauptbahnhof Homburg (Züge in alle Richtungen) | **Öffnungszeiten** Mo–Fr 9–18 Uhr, Sa 9–15 Uhr | **Tipp** Um die Ecke entdecken Sie bei »Michas Dekostyle« hochwertige Dekorationsobjekte.

35 Fischmarkt Burbach

Die saarländische Küste

Wer auf der Suche nach der saarländischen Küste ist, findet sie mitten im Saarbrücker Stadtteil Burbach. Einzig die atmosphärischen Graffitigemälde, die in allen Farben der See leuchten, sind zu durchqueren, und schon steht man direkt vor ihr. Täglich werden frische Fische, Muscheln und Krustentiere angespült.

Rotbarsch, Kabeljau, Seeteufel und Scholle stammen aus dem Nordostatlantik und Island, Jakobsmuscheln aus der Bretagne, der Thunfisch aus dem Indischen Ozean. Natürlich tummeln sich hier auch viele Edelfische wie Seezunge, Drachenkopf oder St. Petersfisch. Eingefroren wird im Burbacher Fischmarkt nichts, nur auf Eis gelegt. Kein Wunder, dass hier bekannte Sushi-Köche einkaufen.

Wer beim Anblick all der Delikatessen hungrig geworden ist, darf sich direkt im Bistro zum Schlemmen niederlassen. Neben wechselnden Gerichten werden stets frischer Backfisch, Sepiastreifen, zarte Matjesfilets oder mehlierte Kräuterscholle angeboten – kombinierbar mit Beilagen wie Kartoffelsalat, Spaghetti und Safranreis. Dazu noch eine der vielen selbstgemachten Saucen wie Salate? Die herzhafte Fischsuppe à la maison mit Edelfischen und Sauce Rouille lockt Fischfans ebenfalls ins Netz.

Aber auch wer sich für Frischware zum Mitnehmen entscheidet, muss sich nicht viele Gedanken machen. Fertig zubereitet können Fischfilets, Garnelenschwänze oder Muscheln ohne Umwege in die Pfanne, den Topf oder Backofen gelegt werden. Jetzt fehlen nur noch Tipps für passende Beilagen oder ein raffiniertes Rezept? Kein Problem: Siglinde Seidens, Rolf-Stefan Krieger und das Fischteam teilen ihr Fachwissen und Gespür für Meeresmenüs seit über 20 Jahren gern mit ihren Kunden und l(i)eben die See. Für den kleinen Hunger bieten sich übrigens die üppig belegten Fischbrötchen an, die wie alle anderen Gerichte durch das gewisse Etwas überzeugen.

Die Delikatessen des Burbacher Fischmarkts schmecken eindeutig nach mee(h)r.

Adresse Bergstraße 4, 66115 Saarbrücken-Burbach, Tel. 0681/76871, www.fischmarkt-burbach.de, info@fischmarkt-burbach.de | Anfahrt Bus 101, 102, Haltestelle Burbach Kirche; Bahn aus Homburg: RB 33731, 33733, 33735, Bahn aus Trier: RB 33732, 33734, 33736, Haltestelle Bahnhof Burbach | Öffnungszeiten Di–Fr 8–18 Uhr, Sa 8–13 Uhr | Tipp Schräg gegenüber können Sie die »St. Eligius-Kirche« besichtigen.

36 Flamingo Market

Von bunten und von schwarzen Vögeln

Ein ebensolches Unikat wie ihr Geschäft ist Uschi Schäfer, die zum Nauwieser Viertel gehört wie die Saarschleife zum Saarland. Seit fast 40 Jahren verkauft sie in einem der Szeneviertel der Landeshauptstadt Mode abseits des Mainstream.

Alles begann in der Rosenstraße mit altem Schmuck, Lampen und Bekleidung aus den 1920er Jahren. In den 1980er Jahren entdeckte Uschi, die alle nur bei ihrem Vornamen nennen, in London die Lackbekleidung und brachte sie mit ins »Abraxas«, wie ihr Geschäft damals hieß. Beim Umzug in größere Räumlichkeiten wurde es – inspiriert durch den Film »Pink Flamingo« – kurzerhand umbenannt. Eines jedoch hat sich nicht geändert: Noch immer kommen diejenigen, die nach etwas Besonderem suchen. In der Tat flattern viele verschiedene Vögel durch Uschis Ladentür: jüngere, ältere, kunterbunte, schwarze, schrille Flamingos und ruhige Fledermäuse. Neben Fünfziger-Jahre-Kleidern und Petticoats findet sich bei Flamingo Körpertextiles der Stilrichtungen Gothic, Steampunk, Ethno oder Fantasy. Ein unglaublich großes Repertoire an Accessoires wie Schmuck, Hüten, Taschen, Geldbörsen, Handschuhen oder Gürteln gesellt sich hinzu.

Schnell gerät man in Versuchung, sich ein geheimnisvolles Collier wie aus längst vergessenen Tagen um den Hals zu legen, einen dunkelroten Zylinder mit Ziffernblatt und Feder auf den Kopf zu setzen, in wie Kirchenfenster gestaltete Spiegel zu blicken, sich in eine edle Corsage schnüren zu lassen, Barockstiefeletten anzuprobieren oder ein extravagantes düsteres Kleid für besondere Anlässe zu kaufen.

Nicht erschrecken, während Sie sich umschauen: Überall werden Sie von Gargoyles, Elfen, Trollen oder Drachen aufmerksam beäugt, die Kerzen in den Händen halten. Ein richtiger Eyecatcher sind auch die Kontaktlinsen in Schwarz, Rot, Türkis, mit Spinnweben-Muster oder in Raubtieroptik.

Bei Flamingo sind Vögel und Menschen der unterschiedlichsten Art herzlich willkommen.

Adresse Försterstraße 21, 66111 Saarbrücken, Tel. 0681/374053, www.flamingomarket.de, info@flamingomarket.de | **Anfahrt** Bus 102, 103, 104, 106, 107, 109, Haltestelle Rathaus | **Öffnungszeiten** Mo–Sa 11–19 Uhr | **Tipp** Ein paar Straßen weiter in der Johannisstraße können Sie bei »Star of India« die indische Küche genießen.

37 Flatter

Das Traumschiff

Sie sind ganz flatterig vor Hunger? Wie wäre es mit einem Matjesfilet zu Dampfkartoffeln? Einem Stück Lachslasagne? Oder aber einem reichlich befüllten Backfisch-Döner? Mitten in der Homburger Altstadt lockt seit 1994 ein blau-weißer Dampfer mit Träumen vom See-Schlaraffenland zu einem unschlagbaren Preis. Doch Vorsicht beim Betreten: Die Leckereien überfluten Sie geradezu.

Sechsmal pro Woche werden Melanie und Wolfgang Flatter von ihren Spediteuren beliefert. Neben dem Frischevorteil ködern Besonderheiten, die man nicht in jedem Fischgeschäft findet – seien es Rückenfilets vom irischem Lachs, Wolfsbarsch in Salzteig oder seltene Arten wie Kingklip, Himmelsgucker und Knurrhahn. Alles garantiert grätenfrei! Größtenteils handelt es sich um Meeresfisch oder Wildfang. Neben vielen Fischarten wird ein großes Repertoire an Krustentieren, Muscheln und Kaviar geboten. Letzterer kommt ausschließlich aus Island. Denn: »Dort hegt man die Bestände, und Nachhaltigkeit ist uns wichtig«, so Wolfgang Flatter, Kapitän des delikaten Dampfers.

Fischfans unterschiedlicher Fasson können nicht nur Köstliches mit nach Hause nehmen, sondern auch in Ruhe vor Ort schlemmen, was die See hergibt. Drei angestellte Köche bereiten stets feinste Saucen, Salate, Suppen und ganze Meeres-Menüs zu. Im Sommer trifft der Besucher auf ein üppiges Grillbüffet, an dem er sich den Lieblingsfisch grillfertig in die Wunschmarinade einlegen lassen kann.

Auch der Cateringservice, ausgezeichnet für „Saarlands besten Service“, lässt keine Wünsche offen. Auf Bestellung werden nicht nur faszinierende Fischgerichte mit Beilagen gezaubert. Veggies werden ebenfalls ins Netz gelockt – etwa mit gefüllten Zucchinischiffchen, Bulgurbratlingen oder fleischloser Bratwurst. Kein Wunder, dass auch die Ermittler des Saarland-Tatorts diesen Service in Anspruch nehmen – bei Flatter machen Sie todsicher einen guten Fang.

De-ficious!

Adresse Untergasse 4, 66424 Homburg, Tel. 06841/2878, www.flatter-feinkost.de, info@flatter-feinkost.de | Anfahrt Bus 285, 286, 501, 505, 508, 511, 512, 513, 551, R7, Haltestelle Marktplatz; Hauptbahnhof Homburg (Züge in alle Richtungen) | Öffnungszeiten Mo–Fr 9–18.30 Uhr, Sa 9–16 Uhr | Tipp Für diejenigen, die rohe Fischdelikatessen bevorzugen, wartet Familie Flatter ein paar Straßen weiter außerdem mit einem Sushi-Restaurant auf.

38 Fräulein Prusselise

Gegen modische Monotonie

In Zeiten, in denen Mode flüchtigen Trends folgt, frönen die Modedesignerinnen Julia Schwab und Kathrin Greve von Fräulein Prusselise seit 2004 ihrem eigenen Stil.

Der Name entstand in Anlehnung an Fräulein Prysselius – eine strenge Erzieherin, die versucht, Pippi Langstrumpf von der Villa Kunterbunt in ihre graue Welt einzugliedern. Doch keine Angst – bei Fräulein Prusselise findet sich nichts Tristes. Alle Stücke sind so heiter wie die Heldin aller Kinder. Die Kollektionen für Jungs, kleine und große Mädchen entstehen aus Originalstoffen der 1950er, 1960er wie 1970er Jahre und eigenen Stoffdesigns. Kleider, Röcke oder Shirts bestechen durch fröhliche Farben, verspielte Details und originellen Materialmix. Was die beiden an der Retro-Romantik fasziniert? »Diese drei Jahrzehnte sind bezüglich Design und Farbgebung besonders prägnant. Man verknüpft damit automatisch Kindheitserinnerungen, da die Muster so vertraut erscheinen. Außerdem macht es Spaß, sie mit neuen Trends zu kombinieren.«

Während im Atelier des Shops fleißig genäht wird, können Sie im vorderen Bereich auf Entdeckungstour gehen. Schau da! Gleich neben Blusen mit blumigen Spitzkragen und einem himmelblauen Oberteil, von dem eine knallgelbe Sonne strahlt, zwinkert ein pelzfreier Fuchs zum Umhängen einem roten Lampen-Langarmshirt zu. Im Regal gegenüber erwarten Sie selten phantasievolle Socken und Kinderstrumpfhosen.

Unter diesem Dach tummeln sich gern auch Kreationen, die es nur einmal gibt. Sie haben sich in ein Stück einer älteren Kollektion verliebt? Keine Panik! Sofern die Stoffe noch vorhanden sind, wird man Ihrem Wunsch nachkommen. Alte Schrankhüter können übrigens wunderbar mit dem patentierten »Herr Ärmel« aufgemotzt werden – einem einzelnen, über die Brust reichenden Ärmel in unterschiedlichen Farbkombis, der über diverse Oberteile getragen werden kann.

Also worauf warten Sie noch? Seien Sie Pippi, nicht Annika!

Adresse Neustraße 23, 54290 Trier, Tel. 0651/2078794, www.frl-prusselise.de, kontakt@frlprusselise.de | **Anfahrt** Bus 2, 30, 33, 81, 84, Haltestelle Konstantin Basilika | **Öffnungszeiten** Di–Fr 11–18 Uhr, Sa 11–16 Uhr | **Tipp** Wenn Sie so lebensfroh duften möchten, wie Ihr neues Outfit ausschaut, finden Sie ein paar Häuser weiter bei »Edith Lücke« eine riesige Auswahl an Parfumkreationen.

39 Froschkönig

Von goldenen Kugeln und anderen Schätzen

Kaum hat man dieses Geschäft betreten, schweift der Blick automatisch zur Decke. Hier wurden Szenerien aus jenem Märchen mit dem kleinen grünen Frosch, der an diesem Ort zu Hause ist, kunstvoll mit Pinseln und Farben zum Leben erweckt. Wenn Sie ganz genau hinschauen, finden Sie vielleicht die goldene Kugel. Oder auf dem Boden und in den Regalen einen ganz anderen Schatz.

Bei Froschkönig versammeln sich hochwertige Secondhandartikel für Kinder. Alles, was Sie hier sehen, ist neuwertig – weder abgetragen noch abgegriffen und mit Ermäßigung bis zur Hälfte des Neupreises erstaunlich günstig. Hier findet sich alles, was in den Zimmern von Kindern unterschiedlichen Alters keineswegs fehlen darf: Zu Bauklötzen, Brettspielen, Stofftieren, Puppen, Bobby-Cars, Xylophonen, Kasperlefiguren mit Theater oder Kaufmannsläden samt Zubehör und echten Einkaufswagen gesellen sich etwa Kinderwagen, Kindersitze, Wickelkommoden, Möbel, Betten, Laufställe, Decken, Fahrräder, Strampelanzüge, Pullover, Hosen, unifarbene Schuhe, kunterbunte Gummistiefel, edle Kleidchen oder gar ganze Anzüge für sehr junge Männer. Häufig entdeckt man große Schätze von beliebten Kindermarken wie Haba, Lego oder Pampolina für kleines Geld. Ihr Kind ist noch nicht auf der Welt, während Sie sich schon einmal umschauen? Dann werfen Sie doch mal einen Blick in die Ecke mit der Schwangerschaftsbekleidung.

Was mit den Dingen geschieht, die niemand gekauft hat? »Alles, was nicht weggeht, wird wohltätigen Zwecken gespendet«, so Hausherrin Annette Behrendt.

Kinder wachsen sehr schnell aus ihrer Kleidung heraus und haben rasch ein neues Lieblingsspielzeug gefunden. Dank Froschkönig können sich bald andere an der wenig genutzten Ware erfreuen, mit der zugleich der Nachhaltigkeitsgedanke weitergegeben wird.

Goldene Kugel oder doch lieber ein tolles Spiel? Finden auch Sie ein, zwei tolle Schnäppchen für Ihr Kind oder Enkelkind.

Adresse Saarbrücker Straße 70, 66265 Heusweiler, Tel. 06806/933447, froschkoenigin@hotmail.de | **Anfahrt** Bus 140, 141, 149, 190, 301, Haltestelle Heusweiler Markt | **Öffnungszeiten** Do–Fr 9–12 und 15–18 Uhr, Sa 9–12 Uhr | **Tipp** Bei »Kutsch- und Planwagenfahrten Isolde Heintz« können Sie ganzjährig zu einem besonderen Anlass etwa romantische Fahrten in einer historischen Viktoriakutsche genießen, die von Pferden gezogen wird.

40__Früchte Kockler

Faszination Frucht

Wenn Sie kleine exquisite Läden lieben, in denen man den Kunden noch beim Namen nennt, magisch angezogen werden von heimischen wie exotischen Obstarten oder gern Fruchtmischungen und selbstgemachte Feinkostprodukte genießen, dann sind Sie bei Früchte Kockler in Püttlingen goldrichtig.

Ferdinand und Christine Kockler konnten bereits mehrmals den Deutschen Fruchtpreis von der »Rundschau für den Lebensmittelhandel« entgegennehmen, denn das Fachgeschäft wurde zweimal zum schönsten Obst- und Gemüseladen Deutschlands gewählt. Bei Familie Kockler fällt der Apfel nicht weit vom Stamm. Das Geschäft wird bereits in dritter Generation geführt. Begonnen als Kolonialwarenladen avancierte es zu einer Oase mit außerordentlicher Frucht-Expertise.

Insgesamt finden sich rund 120 Obst- und Gemüsesorten – von Ananas über Kartoffeln und Spargel bis zu Zwetschgen. Neben Ware aus der Region tummeln sich je nach Saison eingeflogene Papayas, Mangos oder Passionsfrüchte. Besonderer Wert wird auf Qualität und Frische gelegt. Was gestern reif geerntet wurde, liegt heute im Geschäft. Das Richtige für hungrige Genießer: frisch zubereitete raffinierte Salate, Cocktails aus frisch geschälten und geschnittenen Früchten oder cremige Joghurts mit Fruchtbeilagen, die Sie schnell in der Mittagspause oder aber in Ruhe in den eigenen vier Wänden genießen können. Oder im Winter eine warme Suppe? Dazu gesellt sich eine kleine Auswahl an Feinkost. Neben vorzüglichen selbstgemachten Pestos oder Konfitüren entdecken Sie Schokolade aus Österreich, handwerklich erzeugte Kaffees aus der Region und aus Italien, Soßen, Essig und Balsamicos mit Pfiff oder Jahrgangsöle.

Gerade der mundgerechte Inhalt der Fruchtbecher verführt zum Anbeißen – eine Versuchung, der man kaum widerstehen kann. Aber warum sollte man auch? Was sich hier findet, ist nicht nur faszinierend frisch und fruchtig, sondern schließlich auch gesund.

Adresse Rathausplatz 6, 66346 Püttlingen, Tel. 06898/65195 | **Anfahrt** Bus 190, 191, 192, 195, Haltestelle Püttlingen Markt | **Öffnungszeiten** Mo–Fr 7–18.30 Uhr, Sa 6.30–13.30 Uhr | **Tipp** Im Saarländischen Uhrenmuseum Püttlingen-Köllerbach können Sie viele faszinierende Uhren begutachten.

41 Fruchteria

Freche frische Früchtchen

Betritt man die Fruchteria, so fühlt man sich in eine andere Zeit versetzt. Der Raum mit der Originaleinrichtung aus längst vergangenen Jahrzehnten versprüht seinen ganz eigenen nostalgischen Charme.

Auch die Produkte muten liebevoll an. Auf hellen Regalen, Tischen und dem alten weißen Herd stapeln sich unzählige Gläschen und Fläschchen in verschiedenen Größen mit zuckersüßem Inhalt und ebensolchem Retrodesign. In der Fruchteria finden Sie nur wenige klassische Konfitüren. Die meisten Besucher greifen nach Gläschen, bei denen die Mischung magische Geschmacksmomente verspricht: darunter je nach Saison Kirsche-Kokos, Tomate-Vanille, Orange-Anis, Mango-Rosmarin, Exotenfrucht mit Ingwer oder Melone-Crémant. Für eine besonders heitere Stimmung sorgen Cidre-, Weißwein- oder Glühweinkonfitüre. Der heimliche Favorit: das Malzbier-Gelee. Alle Produkte stellt Andrea Dumont in der großen Küche hinter dem Ladenlokal ohne künstliche Zusatzstoffe her.

Wer nicht nur dem morgendlichen Brötchen, sondern auch seinem Kaffee, Tee, Crémant oder Dessert das gewisse Etwas verleihen oder selbst leckere, natürliche Limonaden mischen möchte, der sollte einen Blick ins nächste Regal werfen: Hier harren Sirupe in Geschmacksrichtungen wie Vanille, Mandel, Limette, Pfefferminz oder Lavendel ihrer Entdeckung. Aber nicht nur zuckersüße, sondern auch herzhafte Typen kommen schnell auf den Geschmack. Milde bis scharfe Grillsoßen, Chutneys und Relishes mischen nahezu alle warmen Gerichte neu auf. Zu besonderen Anlässen kreiert Andrea Dumont ebensolche Produkte. So umfasste das Konfitürenrepertoire anlässlich der letzten Fußball-WM auch die »Meisterklasse« in den Farben Schwarz-Rot-Gold. Für das Krimi-Café Baker Street hat sie eine kleine kulinarische Kollektion entworfen, die nur dort erhältlich ist.

Die Fruchteria ist genau die richtige Adresse für Obst- und Gemüsefreunde, die es frisch und frech mögen.

Adresse Mainzer Straße 5, 66111 Saarbrücken, Tel. 0681/68099796, www.fruchteria.de, frucht@fruchteria.de | **Anfahrt** Bus 126, 128, R 9, R 10, STB 1, Saarbahn S 1, Haltestelle Landwehrplatz | **Öffnungszeiten** Di–Fr 10–17 Uhr, Sa 10–14 Uhr |
Tipp Bei »Geigenbau Tebbi« um die Ecke in der Bismarckstraße können Sie beim Vorbeigehen mit etwas Glück von außen zuschauen, wie eine Geige entsteht.

42 Galerie Zimmerling & Jungfleisch

Stätte der urbanen Kunst

Der Begriff Urban-Art umfasst unterschiedliche nichtkommerzielle Arten von Kunst im öffentlichen Raum. Ursprünglich war damit das Sprayen von Schriftzügen gemeint, doch die meisten Künstler beschäftigen sich nicht mehr nur mit Fassaden, sondern haben ihren Fokus samt den Graffiti-Sprühfarben auf die Leinwand verlagert.

Urban-Art begegnet uns vor allem in Metropolen wie New York, London oder Paris – aber auch im Saarland. Zum einen wird das Weltkulturerbe Völklinger Hütte alle zwei Jahre Schauplatz der Urban-Art Biennale, wo Besucher über mehrere Wochen beeindruckende Arbeiten nationaler sowie internationaler Künstler bestaunen. Zum anderen können Sie in der Galerie Zimmerling & Jungfleisch am Eurobahnhof Saarbrücken stets neue Ausstellungen herausragender Urban-Art-Schöpfer erleben. Bereits ausgestellt haben hier etwa die Künstler Sen2, der vorzugsweise farbenprächtige Bilder mit Pop-Art-Elementen entstehen lässt, Jef Aérosol, der meist mit Schablonen arbeitet, oder Hendrik Beikirch, dessen erstaunlich plastisch wirkende Schwarz-Weiß-Portraits von Menschen aus dem Leben auf den ersten Blick verblüffen. An diesem Ort können Sie bei Galeriebesuchen die unterschiedlichsten Facetten von Urban-Art erleben, mit etwas Glück einen Künstler antreffen, gar ein Original oder günstigere Druckeditionen erwerben.

Patrick »Reso« Jungfleisch, einer der Inhaber, ist selbst Urban Artist und in die Künstlerauswahl der Biennale in Völklingen involviert. Seine Bilder waren bereits auf Ausstellungen in Montréal oder Paris zu sehen.

Mal ehrlich: Zuweilen kann es bei einem Galeriebesuch vorkommen, dass man sich beim Anblick eines Objekts insgeheim fragt, wer es wohl als »Kunst« identifiziert hat. Doch wie verhält es sich in dieser Galerie? Ist das Kunst oder kann das weg? Höchste Kunst – definitiv!

Adresse Europaallee 27d, 66113 Saarbrücken, Tel. 0681/38378988, www.zimmerling-jungfleisch.com, info@zimmerling-jungfleisch.com | **Anfahrt** direkt am Eurobahnhof Saarbrücken gelegen (Züge in alle Richtungen) | **Öffnungszeiten** Di–Fr 10–12 und 17–19 Uhr, Sa 11–15 Uhr und nach Vereinbarung | **Tipp** Bei »Ligatura« können sich Start-Ups, Freiberufler, ITler oder Designer preiswerten Coworkingspace mieten.

43__Gourmandises Bouzonville

Von Kieselsteinen, Kamasutra und Dragees

In ihrer ganzen Schönheit liegen sie vor dem Betrachter: Kieselsteine in unterschiedlicher Größe, mal glänzend oder matt, mal unifarben oder getupft. Bouzonville ist die Heimat der köstlichen Steine.

Für ihre Chocolaterie kreierte Christiane Wagner die »Cailloux de Bouzonville«. Sie sehen aus wie echte Kieselsteine, lassen sich aber ganz leicht zerbeißen. Schnell bricht die Glasur auf und offenbart diverse Köstlichkeiten. In den schwarz gesprenkelten rotbraunen Steinen verstecken sich etwa Mandeln. Die weißen Kiesel mit den schwarzen Tupfen enthalten feinstes Marzipan, die elfenbeinfarbenen süße kandierte Aprikosen. In den Packungen tummeln sich auch kleine silberne Herzen. Wonach sie wohl schmecken? Die essbaren Kieselsteine eignen sich nicht nur wunderbar zum Genießen oder Verschenken, sondern auch als Tischdekoration.

Neben den Cailloux de Bouzonville finden sich Dragees, die man in Frankreich nur allzu gern genießt, so weit das Auge reicht. So unterschiedlich wie ihre Farben ist auch der süße Inhalt: Mögen Sie lieber dunkle oder weiße Schokolade, Haselnüsse, Mandeln, Nougat oder Meringue? Die Schokoladen-Vitrine wartet etwa mit weißen Rosen, roten Herzen, metallisch schimmernden oder zuckerfreien Pralinen und Orangenscheiben im Schokoladenmantel auf. Doch Vorsicht! Eine Schokoladen-Cinderella scheint ihren hochhackigen Schuh verloren zu haben. Da ihn kein Prinz gefunden hat, wird er mit süßen Sachen befüllt und vorsichtig verpackt. Mit dem Werkzeug aus Schokolade schreitet man gern zur Arbeit. Die Täfelchen mit den Kamasutramotiven hingegen eignen sich eher für den Genuss zu zweit.

Neben sündig Süßem entdecken Sie auch lothringische Produkte wie Schnaps aus Mirabellen und Bier aus Haute-Yutz.

Bei Gourmandises Bouzonville werden Schokoladen-Gourmets neue Gaumenfreuden erleben – in welchen Formen auch immer.

Adresse 55 Rue de la République, F-57320 Bouzonville, Tel. + 33/387783654, www.gourmandises-dragees.fr, contact@gourmandises-dragees.fr | **Anfahrt** Autobahn A 620, Ausfahrt Saarlouis Metzer Straße, B 405 folgen, weiter auf D 918 bis Bouzonville, geradeaus auf Rue de Sarrelouis, nach circa 270 Metern rechts abbiegen auf Rue de la République | **Öffnungszeiten** Di–Fr 9.30–12 und 14–18.30 Uhr, Sa 9.30–12 und 14–18 Uhr | **Tipp** Besichtigen Sie doch nach dem Genuss der Kiesel noch »Abbaye Sainte-Croix«.

44 Thomas Graef

Schätze aus aller Welt

Wie in einem kulturgeschichtlichen Museum fühlt man sich in den Räumlichkeiten von Thomas und Estelle Graef, die kulturelle Zeugnisse rund um den Globus beheimaten: Aus Bali etwa Schalen und Waschbecken aus riesigen ausgehöhlten Kieselsteinen. Aus Shanghai gigantische, detailreiche Bilder, die aus einem einzigen massiven Stück Holz geschnitzt wurden.

Doch diese Objekte sind tatsächlich zu erwerben. Einen Großteil hat Thomas Graef von seinen zahlreichen Reisen mitgebracht, von denen er gerne und voller Begeisterung erzählt. In diesem Einrichtungshaus der ganz besonderen Art finden sich viele Dinge, welche es nur an diesem Ort gibt und die auch Individualisten aus Paris, Hamburg oder Portugal auf der Suche nach dem Besonderen anlocken.

Das Besondere muss nicht hochpreisig sein. Zu Leuchten aus getrockneten Lotusblüten oder Biedermeiertischen gesellen sich Dekorationen aus Afrika, seltene Muscheln oder bemalte Büsten aus Holz von exotischen Schönheiten, die erschreckend teuer wirken, aber überraschend günstig sind. Neben modernen Möbeln und Wohnaccessoires aus Holz, Metall oder Glas und Antiquitäten beheimatet das Ehepaar Graef hier und da »Männerspielzeug«, von dem sich der Hausherr manchmal schlecht trennen kann: alte Kicker, Original-Tretautos von Ferrari oder Harleys aus den 1950er Jahren. Auch im Außenbereich gibt es allerlei zu entdecken. Dort leben ganze Elefantenherden aus schwarzem Stein und Buddha-Unikate bis zu drei Metern aus Bali.

Mit handwerklichem wie künstlerischem Geschick restauriert Graef außerdem alte Möbel oder peppt langweilig gewordene Stücke auf. Und er richtet ganze Wohnungen ein – von der Studentenbude bis zu den Residenzen Prominenter.

Ob Airbrushgemälde oder ein zum Tisch umgebautes Schiff – oftmals kommt man hier aus dem Staunen nicht heraus. Mit den Dingen, die man hier aufspürt, kann man sich ein Stück Kulturgeschichte ins Haus stellen, legen oder hängen.

Adresse Kaiserstraße 8, 66121 Saarbrücken-Schafbrücke, Tel. 0681/892627, www.thomasgraef.de, info@thomasgraef.de | Anfahrt Bus 122, 135, 137, 138, Haltestelle Neuscheidt; Saarbahn S 1, Haltestelle Kaiserstraße | Öffnungszeiten Di–Fr 10–12 und 14–18 Uhr, Sa 10–16 Uhr, Termine nach Vereinbarung | Tipp Im Restaurant »China Town« können Sie ein paar Straßen weiter in der Mainzer Straße kulturelle wie kulinarische Highlights aus China entdecken.

45 grünstreifen

Nicht nur grüne Stücke

Wenn Sie an ethisch korrekte Kleidung denken, haben Sie weite Shirts in faden Farben im Kopf? Weit gefehlt! Zumindest bei grünstreifen erscheinen Naturtextilien in völlig anderem Gewand: mal elegant, mal sportlich, immer stylish und bequem.

Im Saarbrücker Stadtteil St. Johann verkauft Sabine Friedl Bekleidung wie Accessoires mit Vielsinn. Falls Sie sich wundern, warum Sie zunächst vor verschlossener Tür stehen: Hier müssen Sie klingeln. Eine freundliche Dame mit Münchner Akzent öffnet prompt die Pforten und lässt Sie hinein, wo Sie sich in großen, gemütlichen Räumen in Ruhe umschauen können.

Dieser grüne Streifen in der Nähe des idyllischen Saarufers ist der richtige Ort für Modebewusste, die bei ihrem Einkauf nicht nur auf sich, sondern auch auf andere Menschen wie ihre Umwelt achten möchten. Die Produkte wurden größtenteils aus nachwachsenden Rohstoffen ohne Chemikalieneinsatz und unter fairen Arbeitsbedingungen hergestellt. Einige Pullover, Hosen und Röcke bestehen aus Organic Cotton oder Biowolle, andere aus Leinen, Hanf oder Bambus – mal naturbelassen, mal mit hautfreundlichen Naturfarben eingefärbt. Mit »froy & dind« erhalten belgische Farbenfreude und Retro-Romantik Einzug, mit »Armedangels« phantasievolle Prints auf unifarbenem Stoff. Handgenähte Mützen made in Hamburg treffen auf kunterbunte Socken aus Berlin, veganes Schuhwerk gesellt sich zu Schmuck und Taschen.

Daneben findet sich Geschirr aus Bambus, das sich als so erstaunlich robust wie dekorativ erweist. Omnipräsent sind die beeindruckenden verspielten Papierdekorationen der niederländischen Künstlerin Jurianne Matter. Wenn man sich aufmerksam umsieht, kann man vielerorts kleine Laternen, Figuren oder Lampions aus FSC-zertifiziertem Papier entdecken, das mit Tinte auf Basis pflanzlicher Öle bedruckt wurde.

Wen es nach einer kleinen Stärkung gelüstet, darf übrigens beherzt nach einem gesunden – grünen – Apfel greifen.

Adresse Uhlandstraße 9, 66121 Saarbrücken, Tel. 0681/6853296, www.gruen-streifen.de, post@gruen-streifen.de | Anfahrt Bus 126 ,128, R 9, R 10, STB 1, Saarbahn S 1, Haltestelle Landwehrplatz | Öffnungszeiten Di – Mi 10 – 12 Uhr, Do – Fr 10 – 12 und 14 – 18 Uhr, Sa 10 – 16 Uhr | Tipp Ein paar Meter weiter lockt am Saarufer der »Staden« ab dem Frühjahr zum Spaziergang im Grünen oder zum Niederlassen in Biergärten.

46 Die Heimat Manufaktur

Heimat aus der Kiste

In der Heimat Manufaktur treffen Sie auf kulinarische Kreationen, die im Saarland keinesfalls fehlen dürfen: Schwenkerwürze, »Berschmannsgutsjer«, Käsebegleiter, Wurst von einem Biolandhof oder regionale Öle. Die Produkte sind made in Saarland und verleiten dazu, dem Landesmotto »Hauptsach gudd gess!« zu frönen. An diesem Ort findet sich Handgemachtes aus dem Bliesgau, Warndt und Hochwald – allesamt »echte Produkte von authentischen Menschen, denen man bei der Arbeit zuschauen kann« und die Dorothee Wiebe, gelernte Werberin, vor der Gründung ihrer Heimat Manufaktur im Rahmen einer Kampagne über regionale Erzeugnisse kennenlernte. Produkte, die urbane Menschen genauso anlocken wie landversessene.

Alle Artikel sind einzeln erhältlich. Man kann die Heimat aber auch in einer Box oder Dose mitnehmen. Selbst zusammengestellt oder als fertige »Kiste«. Da gibt es etwa die Schwenkerkiste, die alles bereitstellt, was der Saarländer zum Schwenken benötigt: Grillanzünder, Peperoni-Öl für herzhafte Marinaden, zwei Grillsoßen, Senf und das »Schwenker Buch« von Schorsch Seitz. Natürlich dürfen auch zwei Flaschen Bier saarländischer Brauereien zum Ablöschen oder zum selbst Trinken nicht fehlen. Suchen Sie nach einem Präsent für eine Naschkatze? Wie wäre es mit der »Süße Grüße«-Kiste? Neben einer Flasche Apfelsecco sind Marmeladen der Saison, das Backbuch »Sießschniss« mit allem, was man über »Pläddsjer« oder »Schnääges« wissen muss und Pralinen der Chocolatrice Simone Hoffmann enthalten, die ihr Handwerk in Schokoladenmanufakturen rund um den Globus erlernte und nun im Saarland Pralinen wie Orangen-Thymian-Trüffel oder Kugeln mit Hagebuttenlikör herstellt.

Wenn Sie für längere Zeit die Großstadt besuchen, auswandern, einem fernen Freund ein Stück Heimat zukommen lassen oder als Tourist ein Stückchen Saarland mit in Ihr Domizil nehmen möchten, sind Sie mit Ihrer persönlichen Kiste gut versorgt.

Adresse Heinrich-Böcking-Straße 21, 66121 Saarbrücken, Tel. 0681/6850947, www.heimat-manufaktur.de, d.wiebe@heimat-manufaktur.de | Anfahrt Saarbahn S 1, Haltestelle Hellwigstraße | Öffnungszeiten Mo–Fr 10–16 Uhr | Tipp Um die Ecke in der Mainzer Straße können Sie in der »Osteria Vino Salentino« Kulinarisches aus Apulien genießen.

47 Henni Hix

Finde Fabelhaftes

Wenn Sie durch Riegelsberg fahren oder schlendern kann es geschehen, dass Ihnen unvermittelt ein Einhorn über den Weg läuft. Wo es bloß zu Hause ist? Wenn Sie ihm folgen, entführt es Sie in einen gläsernen Wunderwald, in dem außergewöhnliche Pflanzen sprießen: Frauenschuhe mit riesigen Blüten, eingetopfte märchenhafte Corokia und Nadelbäume oder frische Schnittblumen abseits des Standardsortiments. Je nach Jahreszeit entdecken Sie prächtige Amaryllis, Disteln, Äste mit Beeren oder Eukalyptuszweige, die zauberhaft in Vasen aussehen und einen leichten, fruchtigen Duft verströmen. Daneben ziehen wundersame Dinge wie getrocknete exotische Früchte, Stacheln von Stachelschweinen oder Felle die Blicke auf sich.

Inmitten der verwunschenen Pflanzenwelt findet sich außerdem allerlei Fabelhaftes für Heim und Wohlbefinden. Auf Sesseln tummeln sich Kissen, von denen beeindruckend fotografierte Waldbewohner blicken. In Vitrinen und auf Kommoden erblickt man extravagante Porzellanfiguren – mal in ein Muschelkleid gehüllt, mal im Evakostüm –, verspielte Teller und Tassen mit Gesichtern, überdimensionale Kerzen, Retroküchengeräte, handgemachte Bonbons, Öle, selten schöne Karten oder Geschenkpapiere. Am meisten fasziniert die Mixtur an Trendigem, das stets über zeitlosen Charakter verfügt, und Einzelstücken aus früheren Jahrzehnten.

Ingrid Kaever-Reinhard lebte bereits in mehreren Metropolen und einige Jahre in Schweden, bevor es sie wieder in die Heimat zog. Inspiriert von dem skandinavischen Lebensstil bietet sie bei Henni Hix auch schwedische Mode an. Zu jeder Jahreszeit lässt sie sich etwas Besonderes einfallen. So öffnet sich in der Weihnachtszeit etwa eine zusätzliche Wunderwelt mit Holzhütten, hohen Birkenstämmen, traumhaften Gestecken, riesigen Engelstatuen und phantasievollen Geschenkideen.

Sie möchten Fabelhaftes entdecken? Dann folgen Sie einfach dem Riegelsberger Einhorn …

Adresse Hixberger Straße 42, 66292 Riegelsberg, Tel. 06806/9878638, www.hennihix.com, info@hennihix.com | **Anfahrt** Bus 140, 142, 192, 195, STB 1, Saarbahn S1, Haltestelle Wolfskaulstraße | **Öffnungszeiten** Mo–Fr 10–18 Uhr, Sa 10–14 Uhr | **Tipp** Im Mittelalter-restaurant »Die Kemenate« in der Saarbrücker Straße können Sie ein Festmahl der besonderen Art genießen.

48 Hier & Jetzt Manufaktur

Kreativ auf allen Ebenen

Die Hier & Jetzt Manufaktur in Wadgassen ist eine Stätte für Kreative und alle, die es werden möchten.

Nach dem Betreten stehen mehrere Möglichkeiten zur Auswahl: Sie haben Ihr Traumkleid im Kopf, können es aber in keinem Modegeschäft finden? Dann lassen Sie sich von Diplom-Modedesignerin Silke Kessentini ein Abend-, Schwangerschafts-, Brautkleid oder jedes erdenkliche andere Stück auf den Leib schneidern. In der liebevoll eingerichteten Werkstatt hingegen können Sie selbst kreativ werden und nach dem Besuch des begehbaren Bastelkatalogs einfach drauflos werken und gestalten, Serviettentechnik und Acrylmalerei ausprobieren oder etwas aus Leder und Holz mit Brandmalereien verzieren, ohne zu Hause Teppich oder Tisch zu ruinieren. Außer um Ihre eigene Kreativität müssen Sie sich um nichts kümmern. Am Ende räumt man sogar noch hinter Ihnen her. Ist der potenziell Kreative noch ratlos, was er fertigen könnte, bieten sich zwischen Pinseln, Farben oder Fimo inspirierende Beispiele. Sind Sie willig, Ihre eigenen Träume selbst zu verwirklichen, leiden aber noch an Unkenntnis von Filzwolle oder Nähmaschine? Dann besuchen Sie doch einfach einen Workshop, der Ihren Interessen entspricht: Möchten Sie aus Märchenwolle ein phantasievolles Windlicht fertigen, auf dem Blumen sprießen? Eine Ytong-Skulptur aus lufthärtendem Ton gestalten? Einen individuellen Tellerrock nähen? Oder bei »Aus alt mach neu« längst vergessene Kleiderschrankfunde neu aufhübschen?

Wenn Ihnen entweder Zeit oder Geschick fehlen, solch wunderbare Dinge zu kreieren, so können Sie diese auch mit nach Hause nehmen. Der »Stand der Dinge« wartet etwa mit kecker Kinderkleidung, trendigen Wendetaschen oder stylishem Schmuck auf. Natürlich können Sie sich auch erstmal in Ruhe umsehen und beraten lassen.

Aber dann heißt es: Zersägen, bekleben und verfilzen Sie oder lassen Sie sich Ihre Traumkleider verstofflichen – hier und jetzt.

Adresse Lindenstraße 62, 66787 Wadgassen, Tel. 0176/97522449, www.hier-und-jetzt-manufaktur.de, s.kessentini@hier-und-jetzt-manufaktur.de | **Anfahrt** Bus 186, 406, 429, 439, Haltestelle Wadgassen Kirche | **Öffnungszeiten** Mo 19–21 Uhr, Di 10–17 Uhr, Mi 10–13.30 Uhr; durchgehend Workshops für Kinder und Erwachsene (siehe Webseite) | **Tipp** In den »MyLand Lifestyle Outlets« um die Ecke können Sie einen schönen Tag verbringen.

49_ischilly

Stoffgewordene Frauenträume

Den Stoff, aus dem die Träume sind, finden Sie bei ischilly.

Bald nach dem Hereinspazieren wird es Ihnen ganz bunt vor Augen. Es erscheinen Bahnen mit maritimen Mustern, Schiffen, Fischen und Krokodilen. Weiter geht es entlang einer Weltkarte, an deren Ende Sie etwa prächtigen Pfauen oder aber mächtigen Buddhas vor stimmungsvollem Hintergrund begegnen. Doch die nächsten Träume warten schon – mal klassisch, frech oder verspielt. Nur Albträume gibt es nicht.

Bei der unglaublichen Vielfalt von rund 3.500 Stoffen findet eine jede die Materialien für ihr neues Lieblingsstück. In erster Linie wartet ischilly mit hochwertigem Jersey auf. Viele Stoffe wurden aus haut- wie umweltfreundlichem Organic Cotton hergestellt. Fans des Herstellers »Lillestoff« entdecken ihr Paradies. Aber auch Samtstoffe, Filz oder Organza mit Rosenapplikationen tummeln sich hier.

Nach dem Betreten bestehen drei Möglichkeiten: Ist die Besucherin erstens noch ratlos, was sie aus den neuen Lieblingsstoffen fertigen könnte, bieten sich zwischen Stoffbahnen und Gläsern mit Knöpfen oder Paspelband inspirierende Beispiele: etwa selten schöne Loops mit kuscheligem Innenstoff, farbenfrohe figurbetonte Langarmshirts, kecke Kinderbekleidung mit aufgenähten Tiermotiven, kunstvolle Patchworkdecken, die 1001 Geschichten erzählen und zum Verweilen verleiten. Oder »TaTüTas« – praktische Taschentüchertäschlein, etwa mit lustigen Bibern. Fehlt zweitens entweder Zeit oder Geschick, solch wunderbare Dinge zu kreieren, so können diese auch mit nach Hause genommen werden. Und ist man drittens willig, die eigenen Träume selbst zu verwirklichen, leidet aber noch an Unkenntnis der Nähmaschine, so vermittelt Ihnen Juliane Rheinen-Bierle, Expertin für Traumstücke, in offenen Nähkursen mit Spaß- wie Erfolgsgarantie auf Janome-Nähmaschinen das nötige Know-how.

In jedem dieser drei Fälle können Sie bei ischilly Ihre Träume verstofflichen.

Adresse Poststraße 19, 66687 Wadern, Tel. 0163/7923297, www.ischilly.de, ischillyideen@yahoo.de | **Anfahrt** Bus R2, R3, Busbahnhof Wadern | **Öffnungszeiten** Di, Fr, Sa 10–12 Uhr, Mi 14–16 Uhr und nach Vereinbarung; Nähkurse Erwachsene: Mi, Do 20–22 Uhr, Sa 10–12 Uhr (außer in Schulferien; kurz vorher anfragen) | **Tipp** Einen Ort weiter in Braunshausen können Sie während der Sommerzeit auf der »Rodelbahn Peterberg« Ihre wildesten Rodelträume ausleben.

50__Jacovin

Tropfen und Ideen mit Geschmack

Am Anfang von Jacovin stand die glühende Leidenschaft des Inhabers Bernd Detlef Jacob für Weine. Inzwischen ist diese funkelnde Weinperle am Rande des Örtchens Ludweiler nahe der französischen Grenze und den üppigen Wäldern des Warndts zu einem Geheimtipp für alle Arten von Avantgardisten avanciert.

Der Wein: Bei den edlen Tropfen, welche die Weinkeller beheimaten, handelt es sich neben einigen bekannter Größen um Weine kleiner, eher unbekannter Güter. Der Hausherr hat sie und ihre Erzeuger auf Reisen entdeckt. Insgesamt sind über 750 Weine aus 14 Nationen vereint. Darunter auch eine große Auswahl spanischer und italienischer Sorten. Für viele Raritäten besitzt Jacovin das alleinige Vertriebsrecht. So etwa für »Le Perlé De Groseilles« – einen Schaumwein aus Frankreich, der rein aus Johannisbeeren hergestellt wird.

Die dekorativen Ideen: Schwankende Wein- und Schnapsgläser sind edel und trotzdem praktisch. Doch nicht nur Originelles für die Schnapslaune harrt seiner Entdeckung, auch 3.000 andere hochprozentig schöne Dinge. Einige Klassiker von Marken wie »Voi« oder »Kosta Boda« treffen auf allerlei Innovatives mit Einzelstückcharakter junger Ausnahmelabels – und so gesellen sich etwa kunstvolle Glasvasen mit Gesicht zu trendigen Taschen aus recycelten Dosen.

Die Kunst: In dem weinroten Metallbau finden sich außerdem Bilder internationaler Künstler – egal ob aus Stahl, Glas, Holz oder allem zusammen. Auch faszinierende Werke des venezianischen Künstlers Lorenzo Silvestrini, der lange in Saarbrücken lebte und in Acryl Sand mit Zeitungsartikeln vermischt, können bestaunt werden.

Die einzelnen Bereiche gehen nur allzu gern eine Symbiose ein. So werden etwa in dem außergewöhnlichen Ambiente der Kunsthalle Weinproben veranstaltet. Und immer, wenn man denkt, man ist am Ende des Geschäfts angelangt, lockt ein weiterer Raum mit Überraschungen. Bei Jacovin können Sie Ihren Geschmack neu sortieren.

Adresse Am Sandberg, 66333 Völklingen-Ludweiler, Tel. 06898/448217, www.jacovin.de, info@jacovin.de | Anfahrt Bus 184, Haltestelle Am Wasserwerk | Öffnungszeiten Mo–Fr 9–13 und 14–18 Uhr, Sa 9–13 Uhr | Tipp Hinter dem Ortsende lockt das Naherholungsgebiet Karlsbrunn mit großen Wildgehegen, vielen Wanderwegen und historischen Jagdschlössern.

51__Jael Curiel

Grenzenlose Mode

Sie wünschen sich ein Kleid, das feminin, aber nicht zu damenhaft ist; individuell, aber nicht zu extravagant; stark inspirierend, leicht verspielt – und das zu jedem Anlass passt? Dazu soll es bequem sein? Und Ihnen auch noch nach den eigenen Maßen auf den Leib geschneidert werden, sodass es Ihre Vorzüge hervorhebt und kleine Problemzonen kaschiert? Natürlich muss es auch noch finanzierbar sein? »Sie stellen aber Ansprüche! So etwas gibt es nicht!«, würde man in anderen Modegeschäften zu Ihnen sagen. Nicht so bei Jael Curiel!

In Jael Redinhas Showroom in der Galerie Louvigny mitten in Luxemburg-Stadt tummeln sich Aberdutzende von Skizzen und Tausende Muster aller erdenklichen Stoffe. Darunter etwa Fragmente von Chiffon, Kaschmir, Seide, Spitze, Samt, Leinen, Wolle oder außergewöhnlichen Materialien – mal unifarben, kariert, in schillernden Tönen oder Nude-Nuancen, mit Hahnentrittmuster, Farbverlauf, geprägten Designs oder originellen Prints. Wie wäre etwa ein Regenmantel aus Plastik mit kunterbunten Comics, der die Stimmung selbst beim miesesten Wetter erhellt? Vom Pullover oder der Hose für den Alltag bis zum edlen Anzug oder Businesskostüm können Sie Jael und ihr Team mit allem beauftragen. Gefertigt werden die Stücke in der Heimat der Designerin – einem Atelier in Portugal, in dem sechs Leute für sie arbeiten. Auch Hochzeitskleider, Taschen oder Arbeitsbekleidung können Sie sich nähen lassen. Sie besitzen einen besonderen Stoff, den Sie gern tragen würden? Kein Problem – bringen Sie ihn einfach mit.

Daneben entdecken Sie bei Jael Curiel eine kleine Kollektion in limitierter Stückzahl und modische Accessoires luxemburgischer Designer, denen die Tür ebenso offensteht wie den Kunden von 8 bis 80 aus Deutschland, Frankreich, Belgien oder Portugal.

Lassen Sie Ihre Phantasie von der opulenten Stoffauswahl beflügeln und sich einen modischen Traum ohne Grenzen verstofflichen.

Adresse Galerie Louvigny, 34 Rue Philippe II, L-2340 Luxembourg, Tel. +352/621146858, www.jaelcuriel.com, jael@jaelcuriel.com | Anfahrt Hauptbahnhof Luxemburg (Züge in alle Richtungen) | Öffnungszeiten Di – Sa 10.15 – 18 Uhr | Tipp In der Bijouterie »Fabienne Belnou« entdecken Sie umwerfend faszinierende Schmuckstücke, wie Sie sie vermutlich noch nie zuvor sahen.

52 Kaufhaus Popp

Art of Schnickschnack

Sie suchen ein Geschäft in Trier, in dem Sie eine große Auswahl an kunstvollen Karten wie geschmackvollem Geschenkpapier finden? Außerdem ein Ladenlokal, das mit einer erlesenen Auswahl an Tee, Gewürzen oder italienischem Nougat aufwartet? Auch eine Adresse für individuelle Taschen wäre nicht schlecht? Dann begeben Sie sich doch einfach zu Kaufhaus Popp, dem Kaufhaus der schönen Dinge!

Auf zwei Etagen verkauft Ingo Popp »Artikel, die unsere Welt nicht unbedingt benötigt, die sie aber schöner machen«. Prunkvolle Porzellanfiguren aus Spanien gesellen sich zu einem riesigen Repertoire an wundersamen Wundertüten. Bildbände kokettieren mit Blechschildern und Bierspezialitäten. Oder schau da oben! Gleich neben der Giraffen-Trophäe aus Papier hängen überdimensionale, bunte Zylinder von der Decke herab, die der verrückte Hutmacher aus Alice im Wunderland dort vergessen zu haben scheint und die nunmehr als Lampe dienen.

Das Kaufhaus Popp ist ein Ort der Sinne. Die meisten Dinge kann man nicht nur sehen und anfassen, sondern auch riechen, schmecken oder hören. Musikfan Popp, der sein Spezialwarenhaus nach jahrelanger Tätigkeit in der Konzertbranche eröffnete, beheimatet hier ebenfalls viele außergewöhnliche Musikartikel – darunter etwa Kühlschränke in Form eines Marshall-Verstärkers.

In diesem Einkaufsmekka im Retrostil gibt es fast nichts, was man nicht finden kann. Und das Sortiment wird ständig erweitert: »Wenn ich morgen schöne Angeln sehe, dann verkaufen wir übermorgen Angeln. Wir machen vor nichts Halt.« Einzige Voraussetzung: Schön soll es sein. Und kein Mainstream. Bevorzugt aufgenommen werden Produkte aus der Region, darunter etwa Bonbons aus dem Saarland. Aber auch viele originelle Artikel von Herstellern aus der ganzen Welt, die hierzulande noch recht unbekannt sind, harren Ihrer Entdeckung.

Die Geschäftsphilosophie? Wie sollte sie anders lauten: »We love Schnickschnack!«

Adresse Neustraße 22, 54290 Trier, Tel. 0651/99479115, www.kaufhaus-popp.de, info@kaufhaus-popp.de | **Anfahrt** Bus 81, 84, Haltestelle Stadtbibliothek | **Öffnungszeiten** Mo–Sa 11–19 Uhr | **Tipp** Wenn Sie nach einer ausgedehnten Shoppingtour durch die vielen individuellen Geschäfte der Neustraße ein Knurren im Magen verspüren, können Sie bei »Sushi Trier« (Hausnummer 33) Ihren Hunger stillen.

53__Kindgerecht

Das Holzhaus

Nach dem Betreten dieses Spielwarenladens können sich kleine und große Besucher sogleich auf Safari begeben: Zwischen Bäumen tummeln sich allerlei exotische Tiere: Elefanten, Giraffen, Löwen, Kamele oder Koalabären. Doch auch allseits bekannten Geschöpfen wie Pferden, Kühen und Schweinen einschließlich Bauer, zugeflogenen Enten sowie Haushund begegnen Sie. Aber weiter geht es mit der Erkundungstour. Schau da! Ein Wikingerschiff segelt samt Mannschaft um die Welt, während Noah auf seiner Arche Tiere vor der Sintflut rettet. Wie wäre es im Sommer mit einer Grillparty im Kinderzimmer? Neben der Kohle wurden etwa auch Wurst und Schwenkgrill aus dem nachwachsenden Rohstoff gefertigt, der bei Kindgerecht omnipräsent ist: Holz.

Vor ein paar Jahren erlebte Holzspielzeug ein großes Revival. Kein Wunder, denn es bietet viele Vorteile: Spielwaren aus Holz sind zeitlos, langlebig, von hochwertiger Optik und Haptik, verfügen über keine scharfen Kanten und können bedenkenlos in den Mund genommen werden – denn die Farben, mit denen sie bemalt wurden, basieren auf Wasser und sind somit unbedenklich.

Neben Spielfiguren, Tieren oder Schiffen finden sich hier auch Bauklötze, Puzzles, Kugelbahnen, Hubschrauber oder gar geräumige Autos aus Holz, mit denen man durch die Wohnung flitzen kann – mal kunterbunt, mal naturbelassen. Des Weiteren erblicken Sie in den vier Wänden dieses einmaligen Holzhauses etwa Stofftaschen, die man bemalen kann, moderne Kasperlefiguren, Fernrohre oder Experimentierkästen.

An den Wänden können die kleinen Besucher kindgerechte Gemälde bestaunen, zum Beispiel von der saarländischen Kinderbuchillustratorin Billy Bärdges; auf dem Boden laden Spielecken mit Tischen und Stühlen zur Beschäftigung mit dem nachhaltigen Rohstoff ein. Mit den Spielwaren aus diesem Geschäft können Sie ein eminent kindgerechtes Stück Natur ins Kinderzimmer stellen, legen oder hängen.

Adresse Rathausstraße 15, 66333 Völklingen, Tel. 06898/5696611, www.kindgerecht-spiel.de, info@kindgerecht-spiel.de | **Anfahrt** Bus 110, 180, 184, 186, 189, 190, Haltestelle Bismarckstraße | **Öffnungszeiten** Mo–Fr 9–18 Uhr, Sa 9–13 Uhr | **Tipp** Im »Eiscafé Europa« in der Bismarckstraße erwarten Sie nicht nur feinste Kindereisbecher.

54 Klamotte

Ödes muss draußen bleiben

In der Barockstadt Blieskastel entdecken Sie in einem Gewölbekeller aus dem 16. Jahrhundert eine ganz eigene kleine, kuriose Klamottenwelt. An diesem Ort wütet der charismatische Wirbelwind Ulla Dellé, den Sie sofort erkennen und der Ihnen gleich vertraut erscheinen wird, wenn er Ihnen singend und beratend zur Seite steht. In der verträumten Kleinstadt verkauft Ulla-la-la aufgeweckte Mode für die Großstadt.

Beim Betreten fällt sofort der riesige Tisch mit prunkvollem goldgerahmtem Ikonengemälde als Tischplatte ins Auge, auf dem sich ausgefallene Schmuckstücke tummeln. Hier finden Sie etwas, ohne zu suchen – etwa eine exotische Muschelkette, eine Geldbörse aus buntem Fell, Schuhe mit schrägen Applikationen oder eine metallfarbene Lederjacke. Immer parat: eine erlesene Auswahl an Hüten und Mützen, welche die Weltenbummlerin auf einer ihrer Expeditionen oder in kleinen Künstlerateliers überall auf dem Globus entdeckt und im Saarland auswildert. Fast könnte man meinen, der verrückte Hutmacher habe den schwarzen Tüllhut mit den endlos langen noblen Federn bei ihr vergessen. Modelle für jeden Anlass sind darunter – für Sommer, Winter, Spaziergang, Party oder Pferderennbahn; mal ein besonders exquisiter Hut in Grau mit hellem Band, mal ein schwarzes Stück ohne Schnickschnack.

In der ersten Etage können Sie regelmäßig Ausstellungen bestaunen. Wer eine elitäre Kunstwelt befürchtet, kann beruhigt werden: Die Galerie-Etage bewegt sich »weg vom kalten, erhabenen Galerie-Feeling«. Hier stellten bereits Künstler wie René von Boch aus. Frauen haben sich geräkelt, afrikanische Ahnenfiguren sind auferstanden und Engel entschwebt. Dieser Hotspot in Blieskastel ist die richtige Adresse für alle, die das Außergewöhnliche lieben. In der Klamotte treten Sie raus aus der Uniformität hinein ins bunte Leben. Die einzige Regel, die dort herrscht: »Langweiliges kommt hier nicht in die Tüte oder an die Wände!«

Adresse Kardinal-Wendel-Straße 42, 66440 Blieskastel, Tel. 06842/5100810, www.klamotte-blieskastel.de, ulla@klamotte-blieskastel.de | **Anfahrt** Bus 501, 506, 547, 551, Busbahnhof Blieskastel | **Öffnungszeiten** Mo–Fr 10–18 Uhr, Sa 10–13 Uhr | **Tipp** Direkt vor der Klamotte wartet der historische Schlangenbrunnen auf Ihre Besichtigung.

55 Die konkrete Utopie

Konkrete Kochkunst

Die konkrete Utopie des Philosophen Ernst Bloch meint die real mögliche Verbesserung der Welt. Die konkrete Utopie des kochenden Juristen Giovanni Tangaro hingegen wabert nicht mehr im Äther des Theoretischen, sondern wurde entschlossen in die Tat umgesetzt. Sie bezeichnet einen Ort für Liebhaber raffinierter italienischer Gerichte, Weine und Feinkost, für Freunde von Kunst oder Musik und Anhänger unkonventioneller Lebensart, die hier alle auf ihre Kosten kommen. Zwischen Gemälden, Weinfässern und Pfannen können Sie in rustikalem Ambiente ohne Firlefanz Menüs mit mehreren Gängen genießen. Nach einer oder mehreren Vorspeisen wartet der Hauptgang mit ausgefeilten Pastagerichten, ebensolchen Fisch- und Fleischtellern oder üppigen Gemüsekreationen auf. Natürlich darf auch das Dolce nicht fehlen. Eine feste Speisekarte gibt es nicht. Die Menüs werden spontan und frisch je nach Verfügbarkeit auf dem Markt von gesegneter römischer Hand zubereitet. Bei den musikalischen Themenabenden dinieren Sie zu stimmungsvoller Livemusik.

In den Feinkostregalen entdecken Sie etwa Olivenöle, Soßen, handgemachte Nudeln aus Italien, Fenchelsalami, edlen Hartkäse, Spezialitäten aus Kalabrien oder Apulien, italienische, spanische, deutsche und französische Weine.

Lust bekommen, sich kulinarisch auszuprobieren? Wie wäre es mit einem Kochkurs, Wein- oder Schokoladenseminar? Einem Marktbesuch mit Giovanni und anschließender Zubereitung eines 7-Gänge-Menüs? Oder gar einem gemeinsamen Segeltörn, bei dem Sie das kulinarische Süditalien erkunden? Für den Abend sollten Sie reservieren und sich am besten in den Newsletter eintragen – dann werden Sie konkret über Termine informiert, damit ihre Gelüste nach feinster italienischer Cucina nicht graue Theorie bleiben müssen. Giovannis konkrete Utopie leistet einen kleinen Beitrag für eine bessere Welt und einen großen für die Kulinarik.

Adresse Hohenzollernstraße 79, 66117 Saarbrücken, Tel. 0681/9385794, Mobil 0178/3382820, www.diekonkreteutopie.de, diekonkreteutopie@yahoo.de | **Anfahrt** Bus 101, 103, 104, 109, 121, 126, 129, Haltestelle Roonstraße | **Öffnungszeiten** Di–Fr 11.30–15 Uhr (weitere Termine siehe Website) | **Tipp** Auf dem Markt an der Ludwigskirche (Sa 7.30–13 Uhr) entdecken Sie Delikatessen und Dekoratives aus der Großregion – von frischem Käse, Wild oder feinsten Terrinen bis hin zu prächtigen Schnittblumen.

56__Kostümverleih Schikofsky

Des Kaisers neue Kleider

Wo kann man Hollywoodstars, Comichelden, zauberhafte Elfen, schräge Hippies, meuternde Piraten oder Barockschönheiten in atemberaubenden Kleidern und mit üppiger, gepuderter Perücke antreffen? Nun – wenn Sie Glück haben, begegnen Sie gleich mehreren von ihnen mitten in Köllerbach. Bei diesem Anblick möchten Sie am liebsten auch in eine ganz andere Rolle schlüpfen? Für eine Nacht mystische venezianische Prinzessin sein? Oder ein siegreicher Ritter, vor dem alle niederknien?

Helga und Nadine Schikofsky beraten einzelne Besucher oder ganze Gruppen, bis die neue Identität gefunden und die Verwandlung vollzogen ist. Auf zwei Etagen treffen 8.000 Kostüme aller Stile und Epochen aufeinander – frisch gereinigt, gebügelt und nach Thema wie Größe geordnet. Jeder Raum entführt in ein anderes Zeitalter. Aus ganz Europa stammen die Kostüme. Im ersten Stock finden sich viele in aufwendiger Handarbeit entstandene, einzigartige Kleider, die schon viel gesehen haben von der Welt: »Barockbekleidung ist vor allem in Frankreich sehr beliebt – Gruppen leihen sich Kostüme und treffen sich stilecht in Schlossgärten. Manchmal erhalten wir sogar Fotos.« Auch Abendgarderobe wartet auf ihre nächsten Träger.

In diesen Räumen herrscht das ganze Jahr über buntes Treiben! Am Jahresanfang tollen Faschingsfreunde durchs Haus, zur Sommerzeit Besucher von Mittelalterspektakeln, im Herbst Wiesn-Madl wie -Buam oder Zombies und Vampire, zum Jahresende werden Weihnachtsmannverkleidung, Ballkleid oder Frack gesucht. Die restliche Zeit über spüren Krimifans die passende Garderobe für das nächste Dinner auf, Schauspieler ihr Rollenoutfit fürs Theaterstück, Partygäste ihren Dress für Festlichkeiten mit Verkleidungspflicht.

Neben Kostümen finden sich auf dem riesigen Maskenball auch Hüte, Brillen, Ketten, Masken, Pistolen, Säbel, Handschuhe, Strumpfhosen oder alle anderen Accessoires – nicht nur für den Kaiser!

Adresse Sprenger Straße 4, 66346 Köllerbach, Tel. 06806/952682, www.kostuemverleih-schikofsky.de, helga_schikofsky@web.de | Anfahrt Bus 190, 192, 196, Haltestelle Burg | Öffnungszeiten Mo–Fr 10–12 und 15–18 Uhr, Sa 10–13 Uhr | Tipp Wer sich für ein edles Kostüm entschieden hat, kann um die Ecke königlich an den Anlagen der »Burg Bucherbach« – eine atmosphärische Ruine der Wasserburg, die zwischen 1200 und 1300 entstand – entlang stolzieren und ein Bild fürs Fotoalbum schießen. Hier finden übrigens häufig Weinfeste wie Handwerkermärkte statt.

57 Krisam & Wittling

Stilvoller Auftritt

Im Hause Krisam & Wittling fühlt man sich der Qualität und Optik von Schuhen gleichermaßen verpflichtet. Hier ist der Schuh Ergebnis authentischen Handwerks. Die Maßschuh-Etage von Thomas Krisam und Joachim Wittling entführt in das frühere Jahrhundert – eine Zeit, in der man noch einen guten Mantel und ein Paar hochwertige Schuhe besaß statt vieler kurzlebiger Modelle.

Das nach eigenem Leisten in rund 200 Arbeitsschritten komplett von Hand gefertigte Schuhwerk wirkt zeitlos und entfaltet seine ganz eigene Ästhetik.

Wie ein Schuh entsteht? Zunächst werden die Füße vermessen. Dann schleift einer der beiden Schuhmachermeister den Leisten auf die Maße zu und fertigt einen Probeschuh aus fester Folie. Nach den Erkenntnissen des Probeschuhs wird ein zweiter aus Leder geformt. Diesen nimmt der Kunde ein paar Tage mit nach Hause. Wenn alles passt, werden Schuhmodell, Oberleder, Farbe, Absatzform und Laufsohle ausgewählt. Wie wäre es etwa mit einem Full-Brogue Oxford in Schwarz oder einem Plain Boot in einem edlen rötlichen Braunton? Rinds-, Wild-, Pferde- oder gar Exotenleder? Nun folgen Schritte wie Schaftbau, Zwicken, Rahmennähen, Bodenbau oder Doppeln, die man sich anhand von Modellen anschauen kann. Nach etwa 30 Stunden Arbeit steht dem neuen Schuhpaar und seinem Träger die Welt offen. Das »Herzstück des Maßschuhs« ist die Brandsohle. Dort, wo häufig Kork prangt, sorgt eine grubengegerbte Sohle für beste Isolierung. Da das Team ursprünglich aus dem orthopädischen Bereich stammt, wird auch ein Fußbett eingearbeitet. Neben dem klassischen können Sie sich für einen günstigeren industriellen Maßschuh entscheiden.

90 Prozent der Kunden sind übrigens Herren. Einige reisen eigens aus fernen Ländern für ein Paar Krisam & Wittling-Schuhe an.

In diesem Gehwerk für die Ewigkeit fühlen Sie sich bei jedem Auftritt wohl. Ein kleiner Schritt für Sie – ein großer Schritt für Ihre Füße.

Adresse Trierer Straße 21, 66679 Losheim am See, Tel. 06872/901900, www.krisamundwittling.de, info@krisam.de | Anfahrt Bus 159, 204, 225, 226, R1, Bahnhof Losheim am See (Züge in alle Richtungen) | Öffnungszeiten Mo–Fr 9–13 und 14–18 Uhr, Sa 9–13 Uhr | Tipp Ein paar Häuser weiter finden Sie im »Huthaus Röder« sicherlich eine passende Kopfbedeckung zu Ihren Schuhen.

58 Kunst-Stoff-Quilt

Im Zeichen des Quilts

Nicht zu verwechseln mit dem Kilt, den mann in Schottland trägt, ist der Quilt. Jene vielseitig verwendbare kunstvoll gesteppte Decke verfügt über lange Tradition. Ursprünglich von amerikanischen Siedlerfrauen aus Stoffresten zusammengenäht war sie oftmals das einzig dekorative Mittel in Blockhütten. Ein Quilt besteht aus drei Elementen: einer gepatchten Oberseite, einer Mittelschicht aus wärmendem Vlies sowie einer meist unifarbenen Rückseite.

Bei der studierten Modedesignerin Carmen Mann können Sie große Quilt-Kunstwerke bestaunen: Mal von Künstlern wie Hundertwasser inspirierte, orientalisch anmutende Arbeiten. Mal Quilts, auf denen verwunschene Wälder erwachsen, in denen uns Märchenfiguren wie Rapunzel und der Froschkönig begegnen. Oder aber bunte Ansammlungen von abstrakten geometrischen Formen. Auch bei den gequilteten Tischdecken sowie Kissen werden traditionelle Muster mit modernen Stoffen neu interpretiert.

Sie sind bereits erfahren im Quilten? Dann finden Sie an diesem Ort den Stoff, aus dem die Quiltträume sind: Zu hochwertigen Baumwollstoffen aus Deutschland, England oder den USA – darunter Konventionelles, Trendiges, Basics oder Gebatiktes – gesellt sich eine große Auswahl an Vlies. Auch sämtliches Zubehör wie Lineale, Nadeln, Wollschneider, Garn oder Bänder zum Verzieren ist vorrätig. Worin sich Patchworkstoffe für Quilts von anderen unterscheiden? »Sie enthalten keine Synthetikanteile, keine Seide oder Jersey, da diese Materialien beim Verarbeiten rutschen könnten, und die Drucke sind oft kleinformatig.«

Quilten ist Neuland für Sie, aber gern würden Sie das Handwerk erlernen? Dann besuchen Sie doch einen Kurs, in dem Sie gleich mit Ihrer ersten Decke beginnen.

Außerdem organisiert Carmen Mann Fahrten zu Quilt-Festivals im Elsass und regionalen Ausstellungen, zu denen sich Interessierte gern anmelden können. Hier steht eben alles im Zeichen des Quilts.

Adresse Bismarckstraße 11, 66333 Völklingen, Tel. 06898/504338, www.kunst-stoff-quilt.de, info@kunst-stoff-quilt.de | **Anfahrt** Bus 110, 180, 184, 186, 189, 190, Haltestelle Bismarckstraße | **Öffnungszeiten** Mo–Fr 14–18 Uhr | **Tipp** Anfang November lockt der Mondscheinmarkt, der sich über die Gässchen vor dem kleinen Quiltparadies erstreckt, mit mittelalterlicher Musik, Gauklern, Feuershows, Kunsthandwerk und kulinarischen Besonderheiten.

59 Kornelia Landau

Schmuck mit zauberhafter Wirkung

An der Hausnummer 11 der Mainzer Straße können Sie nicht einfach vorbeigehen. Die Schaufenster sind so märchenhaft dekoriert, dass Sie zumindest einen Blick hineinwerfen müssen. Von unsichtbaren Fäden baumeln silberne exotische Früchte, während sich auf Moos und Baumstämmen edle Schmuckstücke tummeln. Genauso zauberhaft bleibt es auch nach dem Betreten des Geschäfts. An den golden und türkisfarben gestrichenen Wänden entdecken Sie in Schaukästen faszinierenden Schmuck mit funkelnden Steinen.

Seit über 20 Jahren fertigt Goldschmiedin Kornelia Landau vor allem individuelle Schmuckstücke an. Sie wünschen sich Schutz oder möchten sich in einem Lebensbereich besonders stärken? Dann wäre Kraftschmuck etwas für Sie, in den ein Mantra eingearbeitet wird, das genau zu Ihrem persönlichen Ziel passt. Kornelia Landau arbeitet mit Fein- und Farbgold, Silber sowie edlen Steinen – etwa mit Diamant, Aquamarin, Lapis, Rubin, Smaragd oder gefischtem Bernstein. Viele der Preziosen bezieht sie fair gehandelt aus der Edelsteinstadt Idar-Oberstein. Das Gold ist recycelt. Um gefischten Bernstein zu erwerben, fährt die Künstlerin nach Litauen. Besonders für den Heilzweck Ihres energetisierten Schmucks ist es unabdingbar, dass der Stein nicht gesprengt wurde. Damit das Zierwerk positiv wirken kann, sollten die Steine, deren Heilkräfte Sie unterstützen, auch auf die richtige Körperstelle einwirken.

Es kann sein, dass Sie von einer der bereits fertiggestellten Ketten, Armbänder oder Ohrringe magisch angezogen werden, die in der jeweiligen Form und Farbzusammenstellung nur einmal existieren. Wenn dem so ist, hat dies den Grund, dass die Wirkung des Edelsteins, aus dem das Stück geschaffen wurde, Ihnen guttun würde…

An diesem Ort fungieren Schmuckstücke nicht als Statussymbole, sondern erfüllen zwei einzigartige Effekte: Sie schmücken mit individueller, zeitloser Eleganz und unterstützen Sie im Leben.

Adresse Mainzer Straße 11, 66111 Saarbrücken, Tel. 0681/9385365, www.kornelia-landau.de, info@kornelia-landau.de | **Anfahrt** Bus 126, 128, R9, R10, STB 1, Saarbahn S1, Haltestelle Landwehrplatz | **Öffnungszeiten** Mo 11–16 Uhr, Di–Fr 11–18 Uhr, Sa 11–16 Uhr | **Tipp** Zwei Ecken weiter entdecken Sie in der Obertorstraße 1 bei »Art & Antik« etwa Glas und Keramik aus den Epochen Art Déco und Jugendstil.

60 Leder Spahn

Begeisternde Begleiter

Die Tasche bildet das wohl wichtigste Accessoire der Frau. Sie ist nicht nur modisches Highlight, sondern als Hüter der wichtigsten Schätze auch unverzichtbarer Begleiter. Allerdings ist es gar nicht so leicht, den richtigen Gefährten fürs Leben oder zumindest einen seiner Teilabschnitte zu finden.

Doch genau dieser besonderen Art der Partnervermittlung haben sich Kathrin und Michael Genth angenommen. Bereits in der dritten Generation beheimaten sie auf drei Etagen umhängbare Begleiter für jedes Geschlecht, jede Generation und jeden Geschmack – durchaus nicht nur aus Leder. Kinder finden in Kindergartentaschen oder Ranzen ihren ersten treuen Anhänger. Männer in Businesstaschen einen neuen Geschäftspartner. Frauen können hier ganze Nachmittage verbringen und sich kaum entscheiden, treffen aber immer eine gute Wahl.

Dass dieser wahrgewordene Frauentraum mitten in der Saarbrücker Innenstadt erfolgreich den Filialriesen trotzt, ist kein Wunder. Denn Leder Spahn verkauft nicht einfach Produkte, sondern lebt und liebt sie. Das Augenmerk liegt auf zeitlosem Design, außergewöhnlichen Materialien, filigranen Details und Tragekomfort. Bei dem ältesten Longchamps-Kunden Deutschlands gibt es viel mehr zu entdecken als die allbekannten Marken. Kathrin Genth, Enkelin des Firmengründers Hans Spahn, ist stets bemüht, auf Reisen oder Modemessen neue »spannende Dinge mit Herz, Geschichte und Seele« ausfindig zu machen und in ihr Taschenwunderland zu entführen. Most Wanted: neue Trends alternativer Hersteller oder junger Designer. Einige der Elitepartner: die verrückten Modelle von »Braccialini« oder »Mary Frances«. Aber auch bei den vielen Accessoires – etwa Geldbörsen, Gürtel, Handschuhe oder Schals – kann man die Liebe auf den ersten Blick finden.

Egal ob Clutch oder Shoulder Bag, außergewöhnlich bequem oder unverschämt schick – Leder Spahn vermittelt Ihnen den passendsten aller Begleiter.

Adresse Bahnhofstr. 87, 66111 Saarbrücken, Tel. 0681/389750, www.lederspahn.de, info@lederspahn.de | Anfahrt Bus 101, 102, 103, 104, 106, 121, 123, Haltestellen Wilhelm-Heinrich-Brücke, Hauptbahnhof | Öffnungszeiten Mo–Fr 10–19.30 Uhr, Sa 10–18 Uhr; in der Adventszeit: Mo–Sa 10–20 Uhr | Tipp Eine Straße weiter finden Sie im Traditionshaus »Café Schubert« zuckersüße Begleiter für einen Nachmittag. Die Highlights: die mit Kunsthandwerk und viel Liebe zum Detail verzierten Petit Fours, Marzipantorten und Cupcakes.

61 Lifestyle Ambiente

Huldigung des Humidors

Am Anfang war der Humidor. So war es zumindest bei Michael Steuer. Jene Boxen, in denen Zigarren stilvoll aufbewahrt werden können, ohne an Geschmack und Feuchtigkeit zu verlieren, finden sich bei Lifestyle Ambiente in den unterschiedlichsten Materialen wie Designs. Eines der Highlights: der hauseigene Che Guevara-Humidor, der in Zusammenarbeit mit einem saarländischen Künstler entstand. Insgesamt umfasst die Auswahl 300 Humidorvariationen und ist somit die größte in ganz Europa – darunter Modelle aus Mahagoni, spanischer Zeder, bleischwere Behältnisse aus dem Eisenholz-Typ Cacati oder gar mehrstöckige Humidorschränke. Die verwendeten Materialien werden vor der Aufnahme ins Sortiment von einem Raumausstatter überprüft. Danach testet der Verfahrenstechniker des Vertrauens die Standardbefeuchter auf Herz und Nieren, und wenn notwendig wird ein weiteres System eingesetzt.

Ein paar Jahre nach der Eröffnung erhielt das dazugehörige Genussmittel Einzug bei Lifestyle Ambiente. Im begehbaren Humidor mit 70 Prozent Luftfeuchtigkeit stapeln sich viele kleine Kästchen mit edlem Inhalt. Unter den 500 Sorten finden sich etwa das Habanas-Vollsortiment, Raritäten aus Limitatas-Editionen oder Zigarren aus der Dominikanischen Republik, Nicaragua und Honduras.

Der Hausherr war schon immer in der Genussbranche tätig. Vor den Humidoren verkaufte er Wein. Um die Jahrtausendwende wechselte Steuer schließlich von dem einen Genussprodukt zum anderen, nachdem er auf einer Weintour durch Spanien den ersten Humidor für sich entdeckte.

Humidore eignen sich übrigens nicht nur für Zigarren: »Es gibt Frauen, die ihren Schmuck darin aufbewahren.« Wer hier Glamourwelt, viele Anzugträger und Schnickschnack befürchtet, kann beruhigt werden: Bei Lifestyle Ambiente dürfen Sie sich in legerer, gemütlicher Atmosphäre umschauen und erhalten kompetente Beratung.

Ein kleines Paradies für große Zigarrenfreunde.

Adresse Rodener Straße 5, 66740 Saarlouis-Fraulautern, Tel. 06831/4997420, www.humidor-import.de, info@humidor-import.de | **Anfahrt** Bus 437, 438, Haltestelle Rodener Straße | **Öffnungszeiten** Mo–Fr 10–18 Uhr, Sa 10–13 Uhr | **Tipp** Auch direkt um die Ecke in der Lebacher Straße können Sie Genussprodukte entdecken: beim Werksverkauf von »Ludwig Schokolade«.

62__Loup Design

Stylish wie ein bunter Wolf

Wer aufmerksam das Saarland erkundet, entdeckt hier oder dort die Silhouette eines Wolfs, zusammengesetzt aus kunterbunten Mosaikteilchen. Auch wenn Sie über den St. Johanner Markt in Saarbrücken schlendern, begegnen Sie ihm – denn hier ist der bunte Wolf zu Hause. Er entführt Sie in eine designorientierte, Street- und Skatewear-affine Welt.

Was es mit ihm auf sich hat? In Anlehnung an den »bunten Hund« suchte Munir Gassim nach einem coolen Namen für seinen Laden. Was bei uns der bunte Hund, ist im Französischen der »weiße Wolf«. Beide fabelhaften Tierarten wurden miteinander gekreuzt und geboren war Loup Design mit dem bunten Wolf, der für gerissenes Design mit vielen Facetten steht.

Neben trendy Shirts, Hosen oder Jacken für sie und ihn entdecken Sie etwa Sneaker von »Hummel« in feschen Farben oder schicke Uhren von »Kimono«. In der Höhle des Alpha-Wolfs sind nur europäische Marken vertreten, die fair produzieren. So findet sich etwa Stoffliches aus Organic Cotton mit originellen Prints von »Armed Angels« aus Köln oder Shirts mit leuchtenden Farbdrucken aus Dänemark. Vor schwarzen Wänden ziehen farbige Rucksäcke und weiße futuristische Köpfe mit hippen Mützen nicht nur für die kalte Jahreszeit die Blicke auf sich. Cool ist auch der Warenmix. Zu Kleidsamem gesellen sich etwa verrückte Spülbürsten, Brotdosen im Tresor-Design, Socken, Sonnenbrillen, Armbänder oder Schmuck. Sie möchten ein Stück anprobieren? Dann dürfen Sie die gelbe umgebaute Telefonzelle aus längst vergangener Zeit betreten, die von den jüngsten Besuchern womöglich für ein Ufo gehalten werden könnte.

Munir Gassim war vor der Eröffnung von Loup Design Herausgeber des Skateboard-DVD-Magazins »Opposide«. Die urbane Jugendkultur, der er im Herzen von Saarbrücken einen Platz geschaffen hat, faszinierte ihn schon immer.

Hier können auch Sie sich so stylish einkleiden wie ein bunter Wolf.

Adresse Kaltenbachstraße 15, 66111 Saarbrücken, Tel. 0681/91032155, www.loup-store.de, loup-store@gmx.de | **Anfahrt** Bus 102, 103, 104, 106, 109, Haltestelle Rathaus | **Öffnungszeiten** Mo–Sa 11–19 Uhr | **Tipp** Jeden Juli lockt der »Kunst- und Krammarkt« des Saarbrücker Altstadtfestes, der sich durch die pittoresken Gässchen des St. Johanner Markts zieht, mit Kunsthandwerk, Kleidung, Schmuck und kulinarischen Highlights.

63 Millie Mack

Das Glashaus

Bereits das bunte Potpourri im Vorgarten des Ateliers Art et Verre zieht Liebhaber der schönen Dinge an wie die Sommerblume den Schmetterling.

Im Inneren entfaltet sich eine wahrhafte Wunderwelt. Überall lauern Phantasiewesen aus schillerndem Glas, halb Mensch und halb Tier, die den Besucher ebenso neugierig anblicken wie er sie. Ringsherum funkeln farbenprächtige Schalen, Spiegel, Lampen oder ganze Bilder aus dem Werkstoff, dem Millie Mack seit über 20 Jahren immer wieder neue Formen verleiht.

Allesamt tragen die Werke der Künstlerin eine unverwechselbare Signatur. Wodurch sie sich auszeichnet? Zum einen durch den Einsatz von hochwertigem, irisierendem Glas, das eingearbeitet in andere Glasarten in allen erdenklichen Farben leuchtet oder perlmuttfarben schimmert. Zum anderen durch das feine Glasgranulat, welches den Objekten das bunte i-Tüpfelchen verleiht – sei es als Highlight in einer der Schalen oder als Wangenfarbe einer eleganten gläsernen Dame. Nicht zuletzt auch durch die kunstvolle Bemalung der Objekte nach dem Brennvorgang, die ihnen Leben einhaucht. Die meisten Glaswerke entstehen mittels Fusion-Technik. Aber auch die Pâte-de-Verre-Figuren, die puristisch anmuten, sind ein Blickfang.

Auf kleinstem Platz findet sich eine riesige Ansammlung an Kunstwerken. Darunter auch Schmuckstücke, an denen Glasperlen mit Edelsteinen wie Korallen farblich perfekt harmonieren oder Anhänger aus irisierendem Glas zum Einhängen ins passende Kollier. Auf Wunsch fertigt Millie Mack auch Dekokacheln oder sonstige unverwechselbare Unikate an. Die Artikel von anderen Künstlern, die mit Materialien wie Ton oder Pappmaché arbeiten – seien es verwunschene Gestalten, die als Vase dienen, Taschen mit exotischen Pferden oder Recyclingmöbelstücke – fügen sich wunderbar in diese transluzente Welt ein. Eines ist sonnenklar: Millie Macks hinreißende Kreationen bringen sogar ein Herz aus Glas zum Dahinschmelzen.

Adresse 34 Avenue des Bains, L-5610 Mondorf-les-Bains, Tel. +352/621250666, www.milliemack.lu, milmack@pt.lu | **Anfahrt** Bus 175, Haltestelle Mondorf | **Öffnungszeiten** Mi–So 14–19 Uhr und nach Vereinbarung | **Tipp** Um die Ecke können Sie in der Avenue des Bains im »Thermalbad Mondorf« mit seinen vielen Wellnessangeboten gebührend entspannen.

64 MaLi's Délices

Für Laib und Seele

In ländlicher Idylle werden Sie im Hofladen der Gourmet-Manufaktur MaLi's Délices herzlich empfangen. Mitten auf Gut Hartungshof treffen Sie auf zahlreiche Leckereien – darunter herzhafte Aufstriche, Öle, Salze und vor allem MaLi's: Marmeladen und Liköre.

Egal ob Birnen oder Walnüsse – die meisten Zutaten, die handverlesen im Topf landen, entstammen dem Biosphärenreservat Bliesgau. Allein über 40 Konfitüren und Fruchtgelees mit hohem Obstanteil tummeln sich in den Regalen. Großer Beliebtheit erfreuen sich Kreationen wie »Schwarze Johannisbeere mit Cappuccino«, »Pflaume in Portwein mit Walnüssen«, »Kirsche-Chili« oder »Erdbeer-Weiße Schokolade«. Was auf den ersten Klang vielleicht etwas Skepsis hervorruft, macht nach dem ersten Löffel blitzverliebt. Die kleinen Gläschen enthalten hochwertige Zutaten. Die Pestos überzeugen etwa mit Leindotter- und Rapsöl aus dem Bliesgau oder Pecorino. Geschmacksverstärker oder chemische Farbstoffe kommen nicht ins Glas. Viele Produkte weisen Bioqualität auf.

Käseliebhaber greifen zu Käsebegleitern wie der Zwiebelpaste mit Rotwein. Freunde von Gegrilltem und Gebratenem entdecken Relishes mit frischem, fein gewürfeltem Gemüse oder die aus der indischen Küche stammenden würzigen Chutneys. Hochprozentige Genießer treffen je nach Saison Himbeer-, Kirsch- oder Weinbergpfirsichlikör an. Tierfreunde werden beim vegetarischen Apfel-Zwiebel-Schmalz fündig – wie bei allem anderen.

Nicht wundern, wenn die Frucht-Familie bei Ihrem nächsten Besuch rasant gewachsen ist: der kulinarischen Kreativität von Christine und Wolfgang Breyer scheinen keinerlei Grenzen gesetzt. Auch das Preis-Leistungs-Verhältnis überzeugt.

Für 8–15 Personen können Sie Verkostungen mit Dinkelbrot vom Hof und zusätzlichen Delikatessen aus der Region buchen. In irdischer Idylle verfallen Sie himmlischem Genuss. An diesem Ort sind nicht nur die Marmeladen und Liköre MaLi-licious!

Adresse Gut Hartungshof 6, 66271 Bliesransbach, Tel. 06805/6007063, https://malis-delices.de, info@malis-delices.de | **Anfahrt** Autobahn A 620, Ausfahrt Saarbrücken-Güdingen, auf B 51 Richtung Kleinblittersdorf, links abbiegen auf L 254 in Richtung Bliesransbach, in Bliesransbach links abbiegen in die Römerstraße, nach circa 350 Metern rechts abbiegen auf In den Großen Reben, noch einmal links abbiegen auf Eschringer Straße, nach circa 900 Metern und kurzem steilen Anstieg rechts abbiegen | **Öffnungszeiten** Di – Do 10 –12 und 15 –17 Uhr, Sa 10 –12 Uhr | **Tipp** Lassen Sie sich zu einem Spaziergang rund um Gut Hartungshof verleiten – einem wundervollen Anwesen, auf dem sich mehrere kleine Manufakturen zusammengeschlossen haben. Hier gibt es vieles zu entdecken – von den Pferden bis zu hin zur kleinen Orgelmanufaktur.

65__Mangibello

»Gudd gess« auf Sizilianisch

Gutes Essen zieht Italiener, Franzosen, Luxemburger, Saarländer und Großstädter gleichermaßen an und führt sie direkt ins Mangibello – jenen Ort, an dem sich nostalgischer Charme, Multikulti und klassische kulinarische Kreationen mit besonderem Pfiff vereinen.

Sie alle werden empfangen von: Carmela Inglisa, einer Saarländerin mit sizilianischen Wurzeln, die sich mit dem Feinkostladen ihren Lebenstraum erfüllt hat.

Zwischen bemalten Keramikfiguren tummeln sie sich unter den wachsamen Augen einer großen Trinacria: Dutzende von Hand dekorierte Gläschen und Fläschchen mit selbst hergestellten Bruschettas, Konfitüren, Soßen, Likören, Ölen. Die Herstellung ist aufwendig – Gemüse und Obst werden zum Teil aus den eigenen sizilianischen Gärten der Inhaberin per Spedition ins Saarland geliefert. Zwei Produkte stellt die zierliche Frau mit den dunklen Locken und den feurigen Augen im Sommer direkt in ihrer Heimat her: Caponata und Feigenaufstrich. Auf der Insel wandern die Zutaten direkt vom Baum ins Glas. »Während Touristen durch die Straßen flanieren, werfe ich einen Blick in die Gärten und lasse mich zu neuen Produkten inspirieren.«

Auch das regional hergestellte Rucolapesto mit saarländischen Walnüssen hat schon viel Lob von Experten erhalten.

Dies jedoch ist nur die eine Seite des Mangibello. Im Küchenbereich werden frische, saisonale Gemüsesorten von Carmela Inglisa gegrillt, gefüllt und gerollt, um abends feiernde Gourmets zu erfreuen oder an Markttagen vorbeistreifende Passanten auf ihrer Suche nach dem besonderen Leckerbissen anzulocken und ihnen den herannahenden Tag schmackhaft zu machen. Feinste Antipasti gesellen sich etwa zu Fischgerichten mit Kartoffelrolle und Mangold. Und für den Vegetarier ein mit Käse überbackenes, wunderbar würziges Kürbisschnitzel?

Mangibello – der Ort, an dem sich die saarländische Liebe zu gutem Essen und sizilianisches Temperament vereinen.

Adresse Hauptstraße 70, 66740 Saarlouis-Beaumarais, Tel. 06831/9665848, www.mangibello.de, info@mangibello.de | **Anfahrt** Bus 420, 435, Haltestelle Beaumarais Kirche | **Öffnungszeiten** Mi 9–13 Uhr, Fr 14.30–18.30 Uhr und nach Absprache | **Tipp** Lust auf einen unvergesslichen Ausflug mit der Yacht? Bei »Yacht Charter Holiday Tours« in der Hauptstraße 24 können Sie ausgehend vom Heimathafen Merzig/Saar etwa Rund-, One-Way- oder Wochenfahrten und Tagestörns auf Saar, Mosel, dem Saar-, Rhein-Marne- oder französischen Kanal buchen.

66__Marienkäfer

Von Monstern und anderen Tieren

»Mama, komm mal schnell – ich will das Monster anprobieren!« Was? Ein Monster zum Anziehen? Aus echtem grünem Ungeheuerfell? Wo gibt es denn so was? Natürlich im Kinderbekleidungsparadies Marienkäfer! Hier sichten Sie nicht nur Shirts mit kleinen gepunkteten Krabbeltierchen, sondern auch welche mit wilden Exoten oder durchaus freundlich gesinnten Gruselwesen.

Bekleidung und Accessoires sind nicht nur gut für die Laune, sondern auch für die Haut. Bei Marienkäfer werden ausschließlich Produkte aus Naturmaterialien wie Biobaumwolle, Wolle aus Biobetrieben, Seide oder pflanzlich gegerbtes Leder angeboten. Bei der Auswahl der angebotenen Artikel achtet Claudia Pawlik auf nachhaltige Fertigung und faire Produktionsbedingungen. Viele der vertretenen Hersteller produzieren komplett in Deutschland, viele Stücke sind GOTS-zertifiziert.

Ein weiteres wichtiges Aufnahmekriterium: »Die Artikel dürfen nicht langweilig sein!« Dazu tragen nicht nur die Monster bei. Während eine kleine Eule auf einem königsblauen Kleid einer fröhlichen Giraffe vor grasgrünem Hintergrund zuzwinkert, sprießen gegenüber zarte Blumen auf Wollfilzpullovern. Autos rollen auf roten Shirts, während neben dem Eingang phantasievolle Mützen etwa in Form von Füchsen oder Hühnern die Blicke auf sich ziehen. Denn hier findet sich nicht nur Bekleidung für Babys und Kinder bis zu 10 Jahren, sondern auch Zubehör wie Baumwollwindeln, Tragesysteme, Klettgürtel, Wäsche, Schnuller, Strumpfhosen, Schlafsäcke, Schals oder Handschuhe. Auch die große Auswahl an Schuhwerk – von Hausschuhen bis zu robusten Boots – kann begeistern. Natürlich dürfen Gummistiefel aus Naturkautschuk und passende Outdoorbekleidung nicht fehlen, die beim Spielen das Regenwetter dank farblicher Heiterkeit fast vergessen lassen. Hier wünscht man sich als Erwachsener beinahe, einmal wieder Kind zu sein – für die Kleinen und ihre Eltern ein monstermäßiges Erlebnis.

Adresse Mainzer Straße 15, 66111 Saarbrücken, Tel. 0681/95812431, www.marienkaefer-naturtextilien.de, info@marienkaefer-naturtextilien.de | **Anfahrt** Bus 126, 128, R9, R10, STB 1, Saarbahn S 1, Haltestelle Landwehrplatz | **Öffnungszeiten** Di und Do 10–12 und 15–18 Uhr, Fr 10–12 Uhr, Sa 11–14 Uhr | **Tipp** Direkt gegenüber können Sie in der Jens Jakob Gourmet Welt im »Domicil Leidinger« monstermäßig gut frühstücken, Menüs auf Zwei-Sterne-Niveau genießen oder einen Wohlfühlaufenthalt buchen.

67__Matilda &June

Print up your day!

Bei Matilda &June entstehen Prints für hochwertige Shirts wie Stofftaschen. »Matilda« ist Ruthi Jungs Alter Ego und spiegelt das klassische Erscheinungsbild der Textilien wider. Sarah Wahrheit alias »June« haucht diesem einen frisch-frechen Charme ein. Die Designideen werden gemeinsam entwickelt und von Mediendesignerin Ruthi Jung umgesetzt, die sich als Minimalistin erweist: »Weniger ist mehr. Ein simpler Schriftzug wirkt oft effektiver als ein überladenes Motiv.« Bedruckt werden die Shirts vor Ort auf eigenen Geräten.

Im Atelier tummeln sich Tanktops, Sweater und Girlie-Shirts. Wie wäre es etwa mit dem Matilda &June-Logo auf einem sportiven Sweater? Einer anmutigen Vogelformation auf feuerrotem Stoff, der sich elastisch an den Körper schmiegt? Oder einem »Kart Jeh«-Shirt mit dickem Diamanten für all diejenigen, die sich Cartier nicht leisten wollen? Die heimlichen Stars der heimischen Herde: Frida und Wilma Hirsch – die eine mit sommerlich buntem Blumenkranz geschmückt, die andere mit herbstlichem Hut ausgestattet. Für nahezu alle Anlässe wird man fündig – auch für den Oktoberfestbesuch. Die Saarländerinnen wollen jenen Damen eine Alternative bieten, die nicht gern Dirndl tragen oder einen anderen Style ausprobieren möchten. Herren entdecken bei den Hoodies oder klassischen T-Shirts ein neues Lieblingsstück. Alle Blanco-Shirts werden sorgfältig ausgesucht. Neben der Stoffqualität müssen vor allem die Produktionsbedingungen stimmen.

Bei Matilda &June treffen Sie regelmäßig auf neue limitierte Kollektionen und können sogar eine Teeparty buchen: je nach Zeit besuchen die beiden Mädelsabende, auf denen sie ihre verstofflichten Ideen offenbaren. Nichts muss, aber alles kann angefasst, anprobiert und bestellt werden. Nur englischer Tee wird nicht serviert – denn »Tee« steht für »T-Shirts«.

Just one day? Einmal getragen, wollen Sie jeden Tag mit einem Matilda &June-Shirt beginnen.

Adresse Im Taubfeld 6, 66121 Saarbrücken, Tel. 0681/9388243, www.matildaandjune.com, ruthi@matildaandjune.com | **Anfahrt** Saarbahn S1, Haltestelle Hellwigstraße | **Öffnungszeiten** nach Absprache | **Tipp** Ganz in der Nähe am Römerkastell können Sie während der Wintermonate das »Alexander Kunz Theatre« mit Dinnershow im Spiegelpalais besuchen.

68__Hugo Mayer Orgelbau

Orgeln mit Pfiff

In der Orgelwerkstatt Hugo Mayer können Sie eine Heimorgel in Auftrag geben, Konzerte erwerben, die auf Mayer-Orgeln gespielt wurden, oder einen Blick in die Manufaktur werfen. Mayer ist eines der größten Orgelbauunternehmen in Deutschland, in dem neben Heimorgeln vor allem Pfeifenorgeln für Kirchen und Konzertsäle auf höchstem klanglichen sowie gestalterischen Niveau entstehen. Die außergewöhnlichen Orgelunikate aus Heusweiler erklingen nicht nur in der Großregion, sondern auch in Spanien, Italien, Norwegen, Israel, Mexiko, Russland oder Asien.

Über 20 Mitarbeiter sind in den Orgelbau involviert. Jeder ist für einen anderen Bereich zuständig. Da gibt es etwa Techniker, Spieltischbauer, Restauratoren oder aber Intonateure. Denn Pfeifenorgeln müssen gestimmt werden. »Die Pfeifen zum Klingen zu bringen, bildet eine der anspruchsvollsten Aufgaben«, so Orgelbaumeister Stephan Mayer. Was ihn an seinem Beruf immer wieder aufs Neue fasziniert? »Die Vielzahl von Bereichen und Handwerken wie Architektur, Kunst, Musikwissenschaft, Mechanik oder Konstruktion, die aufeinandertreffen, und die intensive Zusammenarbeit mit Auftraggebern über Jahre hinweg.«

Nach Beendung der Planungsphase nimmt der eigentliche Bau einer Kirchenorgel rund ein Jahr in Anspruch. Bis zur Fertigstellung einer Heimorgel vergehen etwa zwei bis drei Monate. Wie das Holz sein sollte? Je älter, desto besser; denn dann erfolgt die Schallübertragung ungefiltert. Die Orgelgehäuse werden ganz nach der regionalen Tradition aus Eichenholz gefertigt, die Klaviaturbeläge und Registerknöpfe am Spieltisch aus Palisander. Eine Kirchenorgel besteht übrigens aus 3.500 bis 4.000 Pfeifen.

Auch wenn Orgeln heutzutage eher puristisch anmuten, lässt sich das Team um Stephan Mayer immer besondere Details einfallen. Mal wird mit Blattvergoldung gearbeitet, mal mit marmoriertem Holz. Diesen Orgeln verleihen nicht nur die Pfeifen Pfiff.

Adresse Völklinger Straße 2, 66265 Heusweiler, Tel. 06806/7095, www.orgelbau-mayer.de, stephan.mayer@orgelbau-mayer.de | **Anfahrt** Bus 140, 154, N4, AST 148, Haltestelle Trierer Straße | **Öffnungszeiten** Termine nach Vereinbarung | **Tipp** Um die Ecke in der Saarbrücker Straße finden Sie bei »Jimmys« Cocktails und Gerichte mit Pfiff.

69__Mica Mode

Skandinavisches Saarland

Nordische Mode? Ist diese etwa so schwermütig wie die Thriller, die man in Schweden liest? Oder so düster wie die Musik, die oftmals in Norwegen ertönt? Weit gefehlt! Kleidsames aus skandinavischen Ländern besticht meist durch Leichtigkeit und Farbenfreude. Leider sind die meisten Hersteller hierzulande noch recht unbekannt. Doch bei Mica Mode in Bexbach können Sie sich von den Vorzügen nordischer Mode überzeugen.

Feminin, aber nicht zu damenhaft; individuell, aber nicht zu extravagant; stark inspirierend, leicht verspielt, mal elegant, mal sportiv, vielfältig kombinierbar, dabei immer zeitlos und weit entfernt von knalligen Trends, die schnell verblassen: So sind die Stücke, die Sie an diesem Ort in den Größen 36 bis 50 entdecken. Nicht nur schlanke Frauen sehen umwerfend darin aus. Da die meisten skandinavischen Modelabels auf gerade, lockere Silhouetten setzen, schmeichelt die Kleidung der Figur optimal. Die verwendeten hochwertigen Materialien überzeugen meist durch Nachhaltigkeit, hautsympathische Eigenschaften und Widerstandsfähigkeit. Denn in Skandinavien muss Mode nicht nur schick, sondern auch funktional und bequem sein, vor Wind und Wetter schützen.

Bei Mica Mode begegnen Ihnen etwa die Labels »Yest«, »Masai Clothing«, »Million X« oder »Sandwich«. Während Masai eher auf lockere bunte Kleidung setzt, finden sich bei Yest viele unifarbene Jacken oder Oberteile mit leichtem Farbverlauf. Von kühl und puristisch bis herzerwärmend und farbenfroh ist bei Tuniken, Shirts, Cardigans, Kleidern, Hosen oder Jacken die gesamte Bandbreite vertreten. Daneben entdecken Sie auf die Textilien abgestimmte Schuhe und Accessoires wie Taschen, Tücher oder Schmuck. In aller Ruhe können Sie sich umschauen, sich von Frau Müller beraten lassen und anprobieren.

Hier erwerben Sie mit der Mode ein leichtes, fröhliches Lebensgefühl, das sich tadellos mit der saarländischen Herzlichkeit vereint.

Adresse Rathausstraße 14 a, 66450 Bexbach, Tel. 06826/524226, www.mica-mode.de, info@mica-mode.de | **Anfahrt** Bus 303, 304, 505, AST 508, AST 548, Haltestelle Rathausstraße | **Öffnungszeiten** Mo–Fr 10–13 und 14–18 Uhr, Sa 9–13 Uhr | **Tipp** Im Kirkeler Restaurant »Die Scheune« können Sie bestens speisen und es sich je nach Wetter in der alten Bauernstube oder dem Biergarten gut gehen lassen.

70__Miori

Nur der Apfel war nicht schuld

Am Rande von Saarbrücken nahm im Jahr 2006 der größte Sündenfall der Geschichte seinen Lauf: Seither führen in einer ehemaligen, 1936 umgebauten Kirche paradiesische Köstlichkeiten den Menschen unablässig in Versuchung.

An nahezu jeder Ecke verleiten kleine Schälchen mit Dips, Käse, Ölen und Brotstückchen zum Probieren. Wer kann da bloß widerstehen? Wie auch immer: Den meisten Besuchern ist dieses Genussmekka eine oder gleich mehrere Sünden wert.

Der Begriff Miori entstammt dem Japanischen und bedeutet so viel wie Liebe, Lebensfreude, Glück. Diese Freude verspürt man bereits beim Anblick der Produkte. Dank liebevoller bunter Papierhäubchen und Anhängern mit Zitaten bekannter Genießer ziehen Gläser, Schachteln oder Geschenkbücher mit delikatem Inhalt interessierte Blicke auf sich. Nach einem kurzen Versuch des Widerstandes verfallen die meisten recht schnell der Sünde – zumal die raffinierte, üppige Auswahl die unterschiedlichsten Geschmäcker anspricht. Neben Pasta, Soßen, Pestos, Gewürzen, Tee oder kunterbunten Bonbons, überwiegend von der Eigenmarke Miori, steht eine riesige Auswahl an Ölen, Balsamico und Likören bereit. Doch auch die Frischetheke weiß zu verführen. Hier begeistern etwa Trüffelkäse, Antipasti, gesalzene Butter von der Ile de Ré oder Fleischpasteten aus Lothringen. Hat sich der Besucher endlich fallen lassen, kann zwischen Feinkostauslagen und Gewölbeweinkeller gemütlich zu Tisch geschlemmt werden.

Folgt man dem gigantischen, von der Saarbrücker Künstlerin Gabi Lackenmacher gemalten Phönix, so gelangt man zur ehemaligen Empore, die mit geschmackvollem Geschirr, schicken Servietten, kunstvollen Kochbüchern oder Dekorationen deluxe aufwartet und wo man nach dem Sündigen in Ruhe schauen und shoppen kann.

Sie müssen übrigens keine Angst haben: Beim Biss in ein sündiges Genusshäppchen werden Sie nicht mit einem Fluch belegt, sondern landen mitten im Paradies.

Adresse Saarbrücker Straße 148–158, 66130 Saarbrücken, Tel. 0681/9880890, www.miori.de, info@miori.de | Anfahrt Bus 120, 138, Haltestelle Saarbrücker Straße | Öffnungszeiten Mo–Fr 10–19 Uhr, Sa 10–18 Uhr | Tipp Ein paar Häuser weiter finden Sie in der »Erlebnisgärtnerei Storb« paradiesische Pflanzen für Ihren Garten.

71 MI RE EL

Samt oder Seide?

Wenn Sie eine Schwäche für schöne Wäsche haben, werden Sie an dem rosa gestrichenen Haus, an dem schwarze Schleifen prangen, nicht vorbeigehen können.

Auch das Innere weiß zu entzücken. Vor beigefarbenen Wänden erblüht eine Lampe in Form einer riesigen weißen Rose. Schlendern Sie zu den Umkleidekabinen, so sichten Sie richtige Ankleidezimmer mit schweren Vorhängen, Spiegeln, Blumen, Parfümflaschen und sanftem Licht. Übertrumpft wird das Interieur nur von den Dessous.

MI RE EL sind Michelle, Rebecca und Ella: eine Französin und ihre beiden Töchter, die sich mit ihrem Geschäft in ein Familienabenteuer gestürzt haben. Alles begann, als die Schwester der Großmutter ihre gut erhaltene Nachtwäsche vergangener Zeiten aus dem Schrank nahm. Die Stücke voller Sinnlichkeit, koketter Transparenz und Rüschen von skandalöser Unschuld animierten das Dreiergespann, sich intensiver mit Dessous zu beschäftigen.

In der kleinen, feinen Wäscheboutique werden viele Modelle für die Körbchengrößen D bis K angeboten. Die Ladys der Familie Jenkins befreien kurvige Frauen von Komplexen und kleiden sie ein in sinnliche und komfortable Dessous. Schwarze BHs mit cremefarbener Spitze schmiegen sich an wilde Sets mit kunterbunten Leoprints. In einer versteckten Ecke kokettiert ein roter Hauch von Tüll mit Hanky-Panky-Höschen, die sich wie eine zweite Haut anfühlen. Dazu gesellt sich eine Auswahl an Bademode und Shapewear, die den Körper perfekt formt. Zarte gewahren Homewear, Negligés und edle Duftkerzen. Wilde fesche Schuhe, Strümpfe, Masken, Pasties und Seile. Bekanntermaßen machen die Details den Unterschied. Davon existieren bei MI RE EL neben den liebevollen Einrichtungsgegenständen noch viele andere – begonnen bei der herzlichen Beratung bis hin zu den selbstgestalteten romantischen Tüten mit überdimensionaler Schleife. Von den Dessous, die sich bei MI RE EL tummeln, träumen nicht nur Frauen …

Adresse Türkenstraße 21, 66111 Saarbrücken, Tel. 0681/95818905, www.mireel.com, info@mireel.com | **Anfahrt** Bus 102, 103, 104, 106, 107, 109, Haltestelle Rathaus | **Öffnungszeiten** Mo–Fr 10–19 Uhr, Sa 10–18 Uhr | **Tipp** Direkt gegenüber befindet sich die prächtige »Basilika Sankt Johann«, die Sie unbedingt besichtigen sollten. Entdecken Sie den Januskopf auf dem Portal, vom Saarbrücker Künstler Ernst Alt geschaffen?

72 Modellspielwaren Reinhardt

Faszinierender Fuhrpark

Sie haben schon immer davon geträumt, einen weißen Porsche 911 Ihr Eigen zu nennen? Oder eine fliederfarbene Corvette Stingray 327? Gar einen T3 Camper im Zebralook für den nächsten Ausflug? Am besten gleich alle drei? Und das zum kleinen Preis? Gibt es nicht? Aber sicher! Bei Familie Reinhardt werden Sie fündig. Nur mit dem Einsteigen und Fahren kann es schwierig werden: Die Autos entsprechen den Maßstäben 1:160 bis 1:12.

Bei Detlef Reinhardt begann alles mit der eigenen Sammlung, die mit den Jahren rasant anwuchs. Seit 2012 befindet sich der größte Fuhrpark der Saar-Lor-Lux-Region in Sulzbach – sinnigerweise direkt gegenüber dem TÜV-Gelände. Auf insgesamt 420 Quadratmetern parken rund 30.000 verschiedene Modelle. Die Pkws, Sport- und Rennautos, Busse, Lkws, Feuerwehrfahrzeuge, Traktoren oder Wohnwagen sind übersichtlich nach Hersteller sortiert. Breite, helle Gänge laden zur Besichtigung und etwaigen Probefahrt ein.

Unter den Dächern dieses besonderen Neuwagenhändlers wimmelt es nur so von Raritäten. Seltene Maßstäbe – etwa 1:12 oder 1:18 – gesellen sich zu älteren, teils noch unverglasten Modellen. Außerdem finden sich Spezialanfertigungen, die Brekina exklusiv für Reinhardt Modellspielwaren hergestellt hat – darunter etwa Lkws regionaler Brauereien und Speditionen, ehemalige Saarbrücker Stadtlinien und der Saar-Lor-Lux-Bus – mit denen man sich ein Stück motorisierte saarländische Geschichte ins Regal stellen kann. Neben Zehntausenden von Modellen wird auch sämtliches Zubehör angeboten – vom Ersatzreifen über Anhänger bis hin zur Zapfsäule.

Ob komfortabler Viersitzer, Eisauto, Leichenwagen oder Batmobil: Bei Modellspielwaren Reinhardt findet wirklich jeder sein Traumauto zum bezahlbaren Preis.

Adresse Am Tüv 2b, 66280 Sulzbach, Tel. 06897/7290750, www.modellautos-reinhardt.eu, info@brekina-shop.de | **Anfahrt** Bus 103, 175, Haltestelle Am Hühnerfelder Kreisel | **Öffnungszeiten** Mo–Fr 10–18 Uhr, Sa 10–14 Uhr | **Tipp** Mit den neuen Wagen im Schlepptau können Sie im »Salzbrunnen Carrée« Sulzbach in der Mühlenstraße je nach Hunger einen kleinen Imbiss oder ein großes Menü zu sich nehmen – oftmals zu Livemusik und im Sommer in bester Biergartenatmosphäre.

73__Monter

Von edlen Bränden und Schnapsideen

Die Idee, sein Leben den edlen Bränden zu widmen, entstand bei Wolfgang Maffert nicht aus einer Schnapslaune heraus. Das 300-jährige Lothringerhaus der Brennerei Monter ist ein Ort mit Geschichte. Und zwar mit hochprozentiger Genussgeschichte.

Bereits 1849 wurde die Destillerie erstmals erwähnt. Im Familienbetrieb verarbeitet Wolfgang Maffert in nunmehr sechster Generation Früchte alter Obstbäume der eigenen Streuobstwiesen. An den Hängen des Saargaus gedeihen auch Raritäten wie Mispel, Zibarte oder Prinzenapfel.

Im Ladenlokal der Brennerei stehen je nach Saison über 30 verschiedene Obstbrände und Liköre zur Auswahl. Die Spezialitäten des Hauses: sortenreine Apfelschnäpse und Alte Brände von Apfel, Birne und Pflaume. Letztere verbleiben drei Jahre in Eichenfässern. Sie reifen dabei unter Luftzufuhr und vermählen sich mit dem Holz. »Durch die Kombination von Frucht und Holz werden die Alten Brände milder und offenbaren mehr von ihrem facettenreichen Charakter«, so Wolfgang Maffert. Aber auch Mirabelle, Schwarze Johannisbeere, Kornelkirsche, Roter Weinbergpfirsich, Holunder, Heidelbeere oder Nuss – viele darunter ausgezeichnet mit einer Goldmedaille – sind genau das Richtige für jede Schnapslaune. Daneben finden sich etwa auch Sahne- wie Rosenlikör und Absinth aus eigener Herstellung im Repertoire.

Die kleine herbe, fast vergessene Mispelfrucht, die »Perle des Saargaus«, die im typisch saarländischen »Hundsärsch« verarbeitet ist, schätzte übrigens schon Karl der Große. Der Mispelschnaps passt prima zu Quiche Lorraine, der Mispellikör zu allem anderen.

Viele Schnapsideen verbergen sich nicht nur in den Produkten, sondern können auch angeschaut, angefasst und mit nach Hause genommen werden: etwa Monter-Brände aller Größen, umgebaut zu kunstvollen Rennautos, Motorrädern oder Lokomotiven aus Holz.

Aber dennoch ist ein Besuch bei der Brennerei Monter alles andere als eine Schnapsidee!

Adresse Lothringer Straße 112, 66780 Hemmersdorf, Tel. 06833/203, www.monter.de, wmaffert@aol.com | **Anfahrt** Bus 462, Haltestelle Schoppachstraße | **Öffnungszeiten** Mo – Fr 9 – 18 Uhr, Sa 9 – 13 Uhr | **Tipp** Falls Sie noch nicht genug vom Hochprozentigen haben, finden Sie zwei Straßen weiter im Hahnenweg 1 bei »W. Spieß & Co.« eine gute Auswahl an Weinen, Champagner, Sherry oder Likören.

74__Morita

Japan mitten im Saarland

Die japanische Kultur ist ebenso facettenreich wie faszinierend. In Mika Moritas Laden finden Sie Produkte der Kulinarik und Lebensart aus dem Heimatland der Inhaberin.

Zwischen Winkekatzen und Fächern tummeln sich etwa Grüntees, Teegeschirr, Sake, handgeschmiedete Kochmesser, Keramik, Porzellan und alles rund um Sushi – von Zutaten über Schalen bis hin zu kunstvollen Essstäbchenhaltern. Denn auch jenseits der Landesgrenze ist Mika Morita für ihr köstliches Sushi bekannt. Wie keine andere wetzt sie die japanischen Messer und bringt ihren Kursbesuchern bei, wie man raffinierte Kreationen zubereitet. Im Anfängerkurs lernen die Teilnehmer Schritt für Schritt, wie Sushi fachgerecht aus frischestem Fisch zubereitet und stilvoll angerichtet wird. Das können Sie bereits? Dann besuchen Sie doch einen Workshop für Fortgeschrittene. Hier erfahren Sie etwa, wie Inside-Out-Sushi gerollt wird, und kreieren Sashimi, Nigiri, Oshi-Sushi mit Aal und Gunkan-Maki mit Lachskaviar. Nach dem gemeinsamen Vorbereiten werden die Delikatessen am stimmungsvoll gedeckten Tisch verzehrt, wo Mika Morita über die japanische Etikette aufklärt oder von Traditionen erzählt. Sie sind Vegetarier, möchten aber nicht auf Sushi verzichten? Kein Problem: Es lässt sich auch mit feinem frischem Gemüse zubereiten. Die saarländische Japanerin hat lange Zeit in Osaka in einem Sushirestaurant gearbeitet, bevor es sie nach Deutschland zog.

Bei Morita können Sie außerdem Kochkurse für andere japanische Gerichte wie Tempura, Bento oder Ramen buchen und auch Teezeremonien oder Workshops, in denen Sie das Schärfen der Klinge eines japanischen Messers auf Wasserstein, Origami oder Furoshiki erlernen. In den Kochkursen werden nicht allein Menü und Beisammensein zelebriert, sondern auch die Zubereitung, die in Japan als eine eigene Kunst gilt.

Ein großes Stück japanische Kultur im Herzen des kleinsten Bundeslandes.

Adresse Julius-Kiefer-Straße 23, 66119 Saarbrücken, Tel. 0681/9890251, www.sushi-saar.de, info@sushi-saar.de | **Anfahrt** Bus 108, 126, 128, 136, Haltestelle Julius-Kiefer-Straße | **Öffnungszeiten** Di–Fr 12–19 Uhr, Sa 12–16 Uhr | **Tipp** In der »Stiftskirche St. Arnual« treffen Sie auf beeindruckende Kunstwerke wie Taufbecken aus dem frühen Mittelalter oder lebensgroße Bildnisse.

75 Mudam Boutique

Kunst zum Mitnehmen

Was haben Wim Delvoyes gotische »Chapelle métallique«, aus einzelnen Holzelementen zusammengesetzte Stühle oder ein poetisch anmutender Brunnen voll sprudelnder schwarzer Tinte gemeinsam, die den Fluss des Schöpferischen symbolisiert und den ursprünglich weißen Brunnen inzwischen gänzlich schwarz gefärbt hat? Sie alle sind im Musée d'Art Moderne Grand-Duc Jean zu bestaunen, kurz »Mudam« genannt.

Das Museum ist bekannt für seine disziplinäre Vielseitigkeit. Auch in der Mudam Boutique treffen Sie auf eine facettenreiche Auswahl. So finden sich eine Vielzahl eigens herausgegebener Editionen über Künstler wie David Altmejd oder Sylvie Blocher, deren Werke schon in den Mudam-Hallen zu bestaunen waren, außergewöhnliche illustrierte Bücher und Mudam-Postkarten. Doch nicht nur Gedrucktes harrt Ihrer Entdeckung, sondern auch Kunst selbst. Im Design Corner treffen Sie auf Kunstvolles aller erdenklichen Bereiche, größtenteils entworfen von Designern der Großregion. Wie wäre es etwa mit einer extravaganten dreieckigen Tasche, einer Kette mit Blättern aus Holz, Geschirrtüchern mit luxemburgischen Mundartsprüchen, einer ausgefallenen Uhr oder riesigen handgemachten Lollis? Regelmäßig treffen Sie in der Boutique neue Dinge an, denn die Designer wechseln alle drei Monate. Alle vertretenen Künstler wurden aus zahlreichen Bewerbern ausgewählt, einige haben Designpreise erhalten, keiner überspannt den preislichen Bogen.

Zweimal im Jahr wird der Design Corner auf das gesamte Museum ausgeweitet, denn dann lädt der »Marché de créateur« zum Schauen und Shoppen bei Nachwuchsdesignern.

Die Mudam Boutique finden Sie direkt neben dem Eingang. Sie können diese einfach so besuchen oder sich nach einem inspirierenden Museumsbesuch dort umsehen. Da der Besucher leider keins der Exponate mit nach Hause nehmen kann, gräbt er vielleicht in dieser Höhle des Alibaba sein Kunstwerk zum Mitnehmen aus.

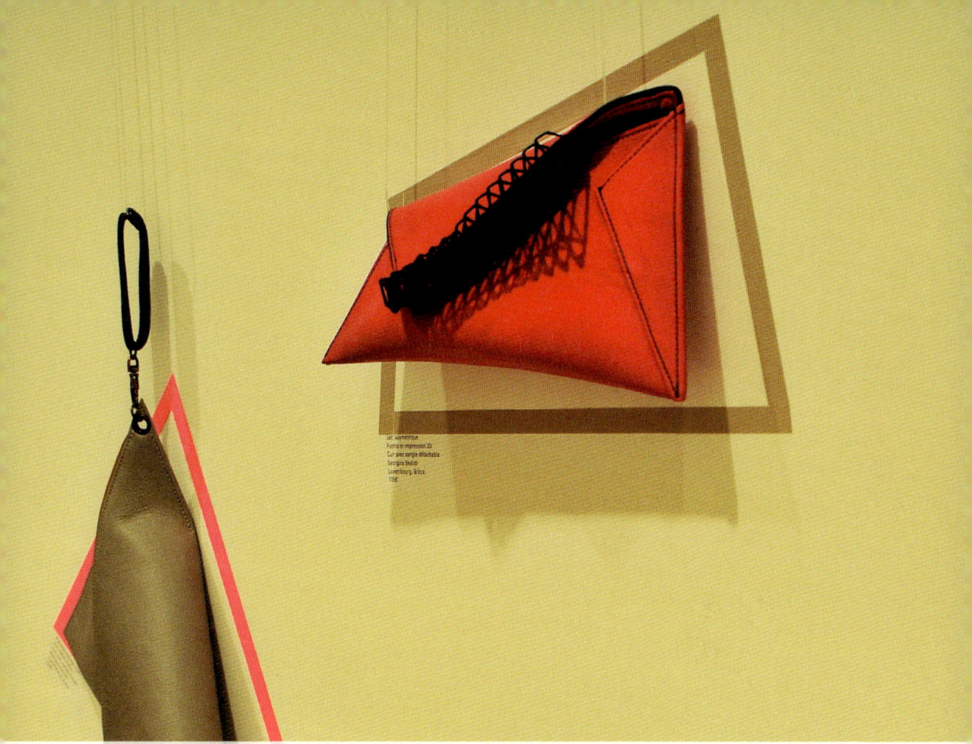

Adresse 3, Park Dräi Eechelen, L-1499 Luxembourg-Kirchberg, Tel. + 352/453785980, www.mudam.lu/de/le-musee/die-boutique, boutique@mudam.lu | **Anfahrt** Bus 1, 13, 16, Eurobus, Haltestelle Philharmonie/Mudam | **Öffnungszeiten** Mi–Fr 11–20 Uhr, Sa–Mo 11–18 Uhr | **Tipp** Bei einem Spaziergang um das Museum können Sie die Ruinen der Festung entdecken, auf denen Mudam erbaut wurde. Jeden Mittwochabend entführen Musikevents ins »Mudam Café« – ein lebendiger Kulturtreffpunkt, der wie ein idyllischer Park mit vielen Bäumen im Inneren des Museums angelegt wurde.

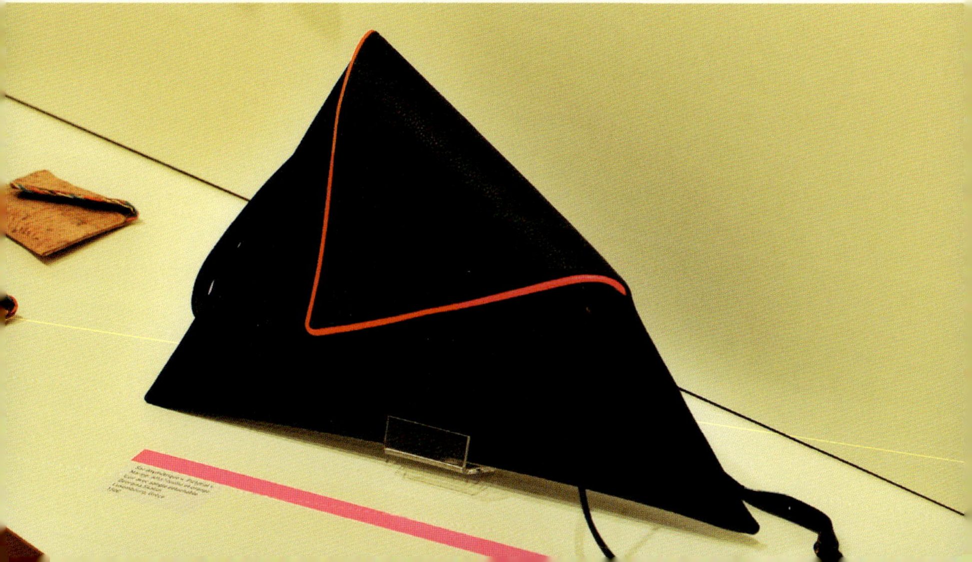

76 Neukahlenberger Hof

Intensiver Bio-Käse-Genuss

Mitten in der idyllischen Biosphärenregion Bliesgau können Sie auf dem Neukahlenberger Hof abseits Intensivtierhaltung und Massenproduktion ganz besondere Käsespezialitäten kaufen. Hier stammt der Käse noch von Kühen, die auf der Wiese grasen, und hat Zeit zu reifen. Die meisten Sorten lagern vier bis sechs Wochen in der Molkerei. Der »Neukahlenberger Bergkäse« reift sogar zwischen sechs Monaten und zwei Jahren. Hier gilt: Je älter, desto besser. Das Aroma der Käsesorten ist wesentlich intensiver als jenes eines Durchschnittskäses.

Der Hofladen wartet mit vielen verschiedenen Käsesorten auf: Hart-, Weich- und Frischkäse, Kuh-Mozzarella oder Feta – allesamt in Bioqualität. Wie wäre es mit einem Stück »Weißer Höfling« und »Sonnenrädler« oder dem »St. Johanner« – einem halbfesten Schnittkäse? Viele Sorten, die Sie entdecken, wurden bereits mit Goldmedaillen ausgezeichnet. Neben Käse sind auch andere Milchprodukte aus eigener Herstellung wie Joghurt – mal natur, mal mit Frucht –, Quark, Landbutter aus frischem Sauerrahm, Buttermilch oder Kartoffeln, Apfelsaft und Fleisch erhältlich. Nicht nur Obst oder Getreide, auch alle Zutaten wie etwa die Kräuter entstammen kontrolliert-biologischem Anbau. Außer Meersalz werden keine Konservierungsmittel, künstliche oder natürliche Aromen verwendet.

Auf dem 100 Hektar umfassenden Neukahlenberger Hof lebt eine Wohngruppe mit Betreuungsbedürftigen, die in landwirtschaftliche Tätigkeiten oder in die Arbeit in der Käserei integriert sind. Für jeden Einzelnen wurde eine passende Aufgabe im Hoforganismus gefunden. Der Hof ist obendrein ein Demonstrationsbetrieb für ökologischen Landbau. Schulklassen oder Kindergartengruppen können an einer Führung teilnehmen. Außerdem finden dort viele Veranstaltungen für Kinder und Jugendliche statt. Auf Anfrage können auch Sie eine Besichtigung und Verkostung buchen, die alles andere als Käse ist.

Adresse Neukahlenberger Hof 1, 66440 Blieskastel-Böckweiler, www.haussonne.de | Anfahrt Bus 577, 598, Haltestelle Neukahlenberger Hof | Öffnungszeiten Fr 16–18 Uhr | Tipp Die Stephanuskirche mit Fundamenten einer Basilika aus der Karolingerzeit wartet in Böckweiler auf Ihre Besichtigung.

77_Oldtimervermietung Saar

Das Saarland erfahren

Sie sind passionierter Oldtimerfan und würden gern einmal ein Modell fahren, das Sie leider nicht Ihr Eigen nennen können? Statt auf dem weißen Pferd möchten Sie der Angebeteten einen Antrag in einem fetzigen feuerroten Flitzer machen? Oder wollen Sie einen besonderen Menschen mit einem ebensolchen Ausflug ins Grüne in einem stilvollen Gefährt überraschen? Ja? Doch wie bloß?

Bei der Oldtimervermietung Saar wird Ihnen geholfen. Hier können Sie etwa einen Citroen 2CV »Charleston«, VW-Käfer Cabrio, MG-B-Roadster, Fiat 124 Spider, Triumph Tr4, Jaguar oder Renault 4CV – das »Cremeschnittchen« zum Selbstfahren mieten. Wie das funktioniert? Haben Sie sich für ein Auto entschieden, können Sie sich es zum gewünschten Termin morgens abholen; bis zum Abend wird es Ihnen gehören. Buchen Sie einen Ausflug, so wird Ihnen der Oldtimer zusammen mit einem reichlich gepackten Picknickkorb für zwei Personen inklusive Geschirr und Besteck sowie einem Roadbook voller wunderschöner Strecken für Ihre Spritzfahrt übergeben. Damit lässt sich das Saarland abseits der Hauptstraßen oder Autobahnen erfahren, über die Sie sonst der Alltag führt – vorbei an Geheimtipps oder prächtigen Schlössern der Großregion. Mit dem bebilderten Roadbook geht es ganz ohne Navigationssystem auf große Fahrt. Einer fährt und einer liest, wo es hingehen soll.

Bei einem gemütlichen Ausflug nach Frankreich mit einer »Ente« von weniger als 20 PS können Sie die Landschaft so richtig genießen. Oder wie wäre es mit einer Dreiländer- oder Lyoner-Tour? Gar einem Selfie mit dem auserkorenen Oldtimer vor dem Apacher Eiffelturm in Luxemburg, den man für den echten halten wird?

Michael Helf ist bereits mit Oldtimern aufgewachsen. Der erste eigene war ein silberner MGA. Größter Beliebtheit erfreuen sich übrigens Käfer und Ente – für viele ein bisher ungelebter Jugendtraum. Na dann – einsteigen und die Großregion ganz neu erfahren.

Adresse Schloßstraße 31a, 66352 Großrosseln-Karlsbrunn, Tel. 0151/20020176, www.oldtimervermietung-saar.de, info@oldtimervermietung-saar.de | Anfahrt Autobahn A 620, bei Ausfahrt Saarbrücken-Klarenthal Richtung Großrosseln fahren, links abbiegen auf Kokereistraße, weiter auf L163, im Kreisverkehr geradeaus auf L 278 fahren, links abbiegen auf L 276 | Öffnungszeiten Mo–Sa 9–18.30 Uhr | Tipp Wenn Sie in Karlsbrunn sind, müssen Sie sich unbedingt das Jagdschloss und den Forstgarten anschauen.

78 Karl Petgen Weingut

Aus Pionierarbeit erwachsen

Die Gemeinde Perl-Nennig ist die einzige weinbautreibende Region im Saarland. Viele Winzer wirken hier. Weinbautechniker Peter Petgen und Frau Sabine allerdings führen das älteste Weingut im Saarland in der nunmehr neunten Generation.

Auf der Pionierarbeit der Vorfahren konnte es optimal gedeihen. Der Großvater brachte heute für die Region bekannte Rebsorten nach Nennig und ebnete auf der deutschen Moselseite den Weg für Chardonnay oder Gewürztraminer. Vor allem ist das Weingut aber für seinen Grauburgunder bekannt, der seit über 100 Jahren angebaut wird.

Wie seine Vorfahren hat sich Peter Petgen klassischen edlen Tropfen verschrieben. Neben weißen Weinen entstehen in der hauseigenen Kellerei auch barriquegereifte Rotweine. Überwiegend trocken zeichnen sich die Weine durch ein spritzig-fruchtiges Bukett und zurückhaltende Säure aus. Wie wäre es mit einem Klassiker wie dem Auxerrois? Der Riesling mit 48 g/l Restsüße weiß Liebhaber süßer Weine zu verzücken, der 16 Monate im Barriquefass gereifte Spätburgunder erlesene Weinfreunde. Für den Sommer bieten sich leichte Weine wie der Elbling an. Prickelnde Stimmung hingegen garantieren die Cuvée 1720 aus Auxerrois und Weißem Burgunder, ein Rosé vom Spätburgunder oder der versektete Riesling.

Viele Kreationen wurden bundesweit ausgezeichnet. Alles, was zur Weinherstellung benötigt wird, bezieht die Familie aus der Region. Die Weinreben, die sich auf Kalkboden oder Schiefer am Nenniger Römer- und Schlossberg entfalten, werden ausschließlich biologisch gedüngt.

Haben Sie gewusst, dass der Saarländer es auf den höchsten jährlichen Pro-Kopf-Verbrauch aller Deutschen an Wein bringt? Bei der Vielzahl an hochkarätigen Weingütern in der Großregion schlägt nicht nur der Einheimische zu. Im Hofladen des rundum authentischen Winzers können Sie Wein, Sekt, Edelschnäpse und Traubensaft zum besten Preis-Genuss-Verhältnis erwerben und etwas Weingutluft schnuppern.

Adresse Martinusstraße 12, 66706 Nennig, Tel. 06866/239, www.karl-petgen.de, info@karl-petgen.de | **Anfahrt** Autobahn A 8, Ausfahrt Perl/Thionville/Nennig, rechts abbiegen Richtung B 419, rechts auf B 419 fahren, nach circa 5,7 Kilometern rechts abbiegen auf Berger Weg, rechts abbiegen auf Martinusstraße | **Öffnungszeiten** Mo–Fr 8–12.30 und 14–18 Uhr, Sa 9–12.30 und 14–17 Uhr (nach telefonischer Anmeldung) | **Tipp** In der »Römischen Villa Nennig« ist der faszinierende Mosaikfußboden zu bestaunen – das größte bekannte mosaikbesetzte Feld nördlich der Alpen.

79__POPUP Studio

Märchenhafte Melusina

Es war einmal ein Graf namens Siegfried. Eines Abends verirrte er sich im Tal der Alzette, wo er den Gesang der Nixe Melusina vernahm. Er verliebte sich unsterblich in sie. Unter zwei Bedingungen willigte Melusina ein, seine Frau zu werden: Sie wolle den Felsen niemals verlassen, in dem sie lebte, und er dürfe sie nie an Samstagen sehen. Der Graf schwor darauf einen Eid und tauschte sein prächtiges Anwesen gegen den Bockfelsen. Als Graf Siegfried an einem Samstag durch ein Schlüsselloch spähte, versetzte ihn der Fischschwanz seiner Gemahlin in blankes Entsetzen. Melusina versank in ihrem Felsen und war verloren. Alle sieben Jahre taucht sie der Legende zufolge in menschlicher Gestalt auf und spukt in Luxemburg umher, bis sie erlöst wird.

Im POPUP Studio erwacht das geheimnisvolle Wahrzeichen der Stadt zu neuem Leben. Melusina kneift die Augen zusammen, lächelt vergnüglich und löst bei ihrem Betrachter kein Entsetzen aus, sondern Heiterkeit. Mal erscheint sie in kunterbunter Blumenpracht, mal in schlichtem Muster. Grafikdesignerin DeeDee Pixie fertigt die sagenumwobene Figur entweder aus Reststoffen von Vintagefabriken oder designt eigene Prints, die mit selbstgemischten Tinten von Hand auf Stoffe gedruckt werden. Jede Melusina ist ein Unikat und lädt dazu ein, sich mit der Geschichte Luxemburgs zu beschäftigen. Der Glücksbringer kann auch aus Wunschmaterialien geschneidert werden. Wie die kulturell vibrierende Stadt Luxemburg verbindet er oftmals Altes und Neues.

Die Melusinas haben nicht nur viele Fans in ihrer Heimat, wo sie nahezu überall als Souvenir verkauft werden, sondern rund um den Globus. Neben dem Fabelwesen finden sich bei DeeDee noch andere schöne Dinge – etwa Accessoires wie Schleifen und Kragen oder gerahmte grafische Bilder.

Im POPUP Studio wird Melusina immer wieder aufs Neue erlöst. Auch Sie werden sich wie einst Graf Siegfried in Ihre Nixe verlieben.

Adresse 44 Rue de la Semois, L-2533 Luxembourg, Tel. +352/661791906, www.popupstudio.eu, studio@popupstudio.eu | **Anfahrt** Hauptbahnhof Luxemburg (Züge in alle Richtungen) | **Öffnungszeiten** nach Absprache | **Tipp** Spazieren Sie unbedingt am »Chemin de la Chorniche« entlang, dem »schönsten Balkon Europas«. Er verbindet den Bockfelsen der Melusina mit der Heiliggeist-Zitadelle.

80__PP-Designer Secondhand

Dank Secondhand zur First Fashion-Lady

Sie können nicht vorbeigehen an einer Abendrobe oder einem schicken Mantel, geraten beim Anblick von noblen Handtaschen ins Schwärmen oder werden magisch angezogen von meist hochhackigem Schuhwerk nicht nur italienischer Edelmarken? Dann sollten Sie einmal in der Mainzer Straße 49 vorbeischauen, denn Petra Jost hat sie alle: Prada, Gucci, Cavalli, Hugo Boss, Zegna, Joop oder Jil Sander.

Man mag es kaum glauben, aber die meisten Artikel für sie und ihn wurden schon zwei-, drei- oder viermal getragen oder zumindest einmal gekauft. Manchmal handelt es sich um Fehlkäufe. Wie Petra Jost weiß: »Nur 35 Prozent der Bekleidung im Damenkleiderschrank werden tatsächlich getragen.« So zählten auch viele der hier auffindbaren Hosen, Hemden, Kleider, Röcke und Blusen zu den 75 Prozent, die ihr Dasein im tristen dunklen Innern eines Schranks verbringen mussten, statt die Welt zu erobern. Nun warten sie auf ihre zweite Chance.

Neben Secondhandstücken entdecken Sie Neuware aus der Vorsaison, reduziert um bis zu 50 Prozent – mal sportiv, von lässigem Chic, klassisch oder extravagant. Auch Accessoires wie Schmuck, Sonnenbrillen oder Krawatten sind unter der Auswahl. Der Herrenbereich wartet vor allem mit Anzügen und Jeans auf. Worin sich das Kaufverhalten von Männern und Frauen unterscheidet? »Männer sind Schnellkäufer. Sie verweilen meist nicht sehr lange.« Frauen suchen, Männer finden – zumindest ist dies in der Mode so.

Jost gründete ihr Geschäft bereits 1985, als Secondhand noch leicht verpönt war, und machte es sich zum Ziel, Stücke aus zweiter Hand vom Negativimage zu befreien. Die gelernte Bauzeichnerin ist ein Stoffmensch. Mit Stoffen aufgewachsen, war sie immer davon fasziniert, wie sehr man einen Menschen durch Kleidung verändern kann. Neben der Mixtur aus First- und Secondhand bietet sie auch Farbberatung nach der 9er-Typologie an.

Na? Welches Secondhandstück wird Ihr erstes Schnäppchen?

Adresse Mainzer Straße 49, 66121 Saarbrücken, Tel. 0681/64762, www.ppmoden.regional.de, ppmoden@t-online.de | Anfahrt Bus 126,128, R 9, R 10, STB 1, Saarbahn S 1, Haltestelle Landwehrplatz | Öffnungszeiten Mo–Fr 11–18 Uhr, Sa 11–15 Uhr, Farbberatung nach Termin Mo–Sa 9–11 Uhr möglich | Tipp Ein paar Häuser weiter können Sie im »Tresor im Ferrumhaus« eine anspruchsvolle Küche und ebensolche Weine genießen.

81 Reitsport Beyer

Hier kennt man Ross und Reiter

Seit 20 Jahren findet sich bei Reitsport Beyer in Illingen alles für den Turnierreiter und sein Pferd. Das Erdgeschoss wartet primär mit modischer Freizeitkleidung, Accessoires und Stiefeln auf. Wie wäre es etwa mit einem schicken paillette- oder strassbesetzten Sweater? Einem kunterbunten glitzernden Gürtel? Oder einem schicken Paar hoher Lederstiefel in einem edlen rotbraunen Farbton? Auch Armbänder und Ringe aus echtem Pferdehaar tummeln sich hier. Ein Stockwerk höher entdecken Sie alles rund um den Turniersport – von Strümpfen oder Reit-BHs über Poloshirts, Reithosen und Sakkos bis zu Helmen für Erwachsene und Kinder. Im Untergeschoss verlagert sich der Fokus schließlich auf Ihr Pferd. Neben Striegeln, Bürsten, Gamaschen, Fleecedecken oder Halftern wird natürlich auch eine große Auswahl an Satteln für die klassische englische Reitweise, Sattelunterlagen und -gurten offeriert, außerdem Öle zur Hautpflege oder Leckerlis, um Ihr Pferd für seinen Einsatz im Sport zu belohnen oder ihm einfach Ihre Zuneigung zu zeigen – denn ohne sein Pferd wäre der Reiter auch bloß ein Mensch. An diesem Ort sind aberdutzende Labels wie »Animo«, »Equiline«, »Logo Esperado«, »Cavallo«, »Südwind«, »Eurostar«, »Cavalleria Toscana« oder »Uvex« vereint.

Petra Beyer und der Rest ihrer Familie sind passionierte Turnierreiter und bilden selbst Reiter sowie Pferde aus. Neben einem umfassenden Sortiment bieten sie in ihrem Fachgeschäft einen ebenso opulenten Service. Dazu zählen Maßanfertigungen für Ross und Reiter, farbliche Eigenkreationen, individuelle Bestickungen, Änderungen an Reitbekleidung und Sattelanproben am Pferd. Die Räumlichkeiten muten nobel an und sind mit großen, nostalgischen Karussellpferden oder mit Pferdemotiven bestickten Kissen dekoriert. Bringen Sie etwas Zeit mit, um sich in jeder Ecke in Ruhe umzuschauen.

Bestens ausgestattet sind Sie und Ihr Pferd nun. Für die Turniere gilt: Hals- und Beinbruch!

Adresse Krankenhausstraße 7, 66557 Illingen, Tel. 06825/48388, www.reitsportbeyer.de, reitsport-beyer@t-online.de | Anfahrt Bus 314, Haltestelle Illingen Rathaus | Öffnungszeiten Mo–Fr 10–12 und 14.30–18 Uhr, Sa 10–13 Uhr | Tipp Im Zweijahreswechsel finden im Sommer Mittelalterfest oder Viehmarkt mit Streichelzoo, Kutschfahrten und Verkaufsständen mit regionalen Spezialitäten in Illingen statt.

82 Resch Konditorei

Ein Herz für Naschkatzen

Katzen sind launische Geschöpfe. Allen voran die Naschkatzen. Das Café Resch scheint sie jedoch magisch anzuziehen, und so schleichen sie hier in großer Schar um Schaufenster und Auslagen. Wen wundert's – bei diesem fulminanten Facettenreichtum an Naschwerk.

Wie wäre es zum Beispiel mit Mandarinencreme-Torte, gekrönt von Früchten der Saison? Einem bunten Lebkuchentraum? Handgeschöpfter Tafelschokolade mit kandierten Rosen?

Oder aber den typisch saarländischen Vieztrüffeln mit Apfelwein aus der Viezregion Merzig und den Bierpralinen, die beide mit Goldmedaillen des Deutschen Konditorenbundes ausgezeichnet wurden? Auch die Saarwein-Torte weiß zu entzücken!

Seit rund 60 Jahren umsorgt Familie Resch liebevoll alle Naschkatzen von nah und fern mitten in der Fußgängerpassage ihres Heimatortes Eppelborn. Im Jahr 1957 begann Alois Resch den Eisverkauf. Seither hat sich das Angebot stets erweitert, und ein Ende scheint noch lange nicht in Sicht. Rund 100 Sorten Kuchen und Torten sowie 130 Pralinen und Trüffel werden wechselnd angeboten. Natürlich setzt das Team auch jeden Sonderauftrag um. Wenn ein achtköpfiges Zucker-Kreativgespann mit vier Konditormeistern unter einem Dach agiert, kann dies schon einmal schöpferische Ausmaße der besonderen Art annehmen. Da werden etwa ganze Blumensträuße aus Marzipan oder Fondant auf mehrstöckige Torten gehievt oder glitzernde Eislandschaften mit filigranen Details gemeißelt, die eigentlich viel zu schade zum Vernaschen sind. Auch die Petit Fours und Plätzchen sind kleine große Kunstwerke.

In dem zweistöckigen Café im klassischen Wiener Kaffeehausstil können es sich die Naschkatzen bequem machen. Doch was tun mit allergischen Naschkatzen? Familie Resch weiß Rat: Hier bieten sich auf Anfrage etwa lactosefreie Sahnetorte, glutenfreier Kuchen oder vegane Hochzeitstorte an. Im Café Resch werden selbst die launigsten Naschkatzen zufriedengestellt.

Adresse Am Markt 12, 66571 Eppelborn, Tel. 06881/7236, www.cafe-resch.de, info@cafe-resch.de | Anfahrt Bus 314, 325, 326, 332, 333, 335, 339, Haltestelle Am Markt; Bahnhof gegenüber Café | Öffnungszeiten Di–Sa 8–19 Uhr, So und feiertags 11–19 Uhr, Mo Ruhetag | Tipp Drei Straßen weiter können sich Naschkatzen im Hotel »Eppelborner Hof« von der großen Naschrunde erholen und sich verwöhnen lassen.

83__Retro23

Schwarz-Weiß-Kunst, die berührt

Alexander Hoffmann alias Retro23 begann bereits in seiner Jugend zu malen. Ausgehend von der »Urban Art« brachte er seine Entwürfe immer häufiger zu Papier, gestaltete CD- und Buchcover, arbeitete für Labels und zeigte seine Werke auf Ausstellungen. Dann wechselte er wiederum das Medium. Die Kunstwerke, die auf Papier entstehen, berühren bald auf besondere Art: Der studierte Grafikdesigner überträgt seine Motive auf die Haut.

Retros Tattoos zeichnet ein unverwechselbarer Stil aus, den man auf den ersten Blick erkennt. In seinem Arbeitsraum schwirren Nachtfalter um Totenschädel oder Kelche, aus denen Häuser oder ganze Landschaften erwachsen. Die meisten Motive stammen aus den Bereichen Flora und Fauna, darunter Vögel, wilde Tiere, Hummer, Muscheln, Pilze, Farne oder exotische Phantasieblumen. In vielen Tattoos schwingt die geheimnisvolle Aura alter ägyptischer Zeichnungen mit. Koloriert werden sie nicht. Trotzdem, oder gerade deswegen, lassen sich unendlich viele Details darin erkennen. Wahrscheinlich war Ihnen gar nicht bewusst, wie viele Facetten der Farbe Schwarz existieren, bevor Sie all diese Entwürfe sahen. Was Retro an Schwarz-Weiß-Bildern fasziniert? »Sie sind zeitlos und es lenkt nichts vom Motiv ab. Außerdem reizt es mich, mit unterschiedlichen Strichstärken und Schraffuren zu spielen.«

Sie wünschen sich ein Tattoo in diesem Stil, das nur Sie ganz allein tragen? Kein Problem – eine Stichwortliste genügt, und Retro zeichnet Ihren persönlichen Entwurf. Der Künstler entwirft nichts, was nicht seinem Stil entspricht, keine Schriftzüge oder bunte Bildchen. Nie tätowiert er mehr als ein Motiv am Tag, denn es soll etwas Besonderes für den Träger und auch für ihn selbst sein, keine typische Dienstleistung.

In dem Laden mit der Holzfassade, in dem Topfpflanzen von der Decke hängen, empfängt er inzwischen Menschen aus der ganzen Welt. Retros schwarz-weiße Welt geht einfach unter die Haut.

Adresse Försterstraße 9, 66111 Saarbrücken, Tel. 0177/7588144, www.retro23.de, hello@retro23.de | **Anfahrt** Bus 102, 103, 104, 106, 107, 109, Haltestelle Rathaus | **Öffnungszeiten** nach Vereinbarung | **Tipp** Um die Ecke können Sie im »Café Schrill« gut und gemütlich essen.

84__Rimoco

Gipfel der Gewürze

Wenn Sie im Sommer vor den geöffneten Fenstern in Alt-Saarbrücken flanieren, kann es passieren, dass Sie in der Talstraße Nr. 48 Ihrer Nase instinktiv in einen Hinterhof folgen und von dort aus einer schmale Treppe nach oben – bis Sie mitten in der kleinen Gewürzmanufaktur Rimoco stehen.

Rimoco – das sind Richard Möcks und Ben Albuzat. Der eine ist viel gereist und hat unzählige Gewürze kennengelernt. Der andere arbeitete bei einem Gewürzhersteller in München. Beseelt von einer großen Leidenschaft für Anis bis Zitronengras haben sich die ehemaligen Schulfreunde im Saarland wieder getroffen und sich einem würzigen Werdegang verschrieben.

Hier bekommen Sie nicht einfach Pfeffer und Salz. Sie erkundschaften: Zitronen-, Orangen-, Kampot- oder Tasmanischen Bergpfeffer. Fleur de Sel, schwarzes Hawaiisalz, Hibiskusblüten- und Meersalz aus Portugal. Tonkabohnen, Jasminblütenzucker, Vogelaugenchili, rote Paprikaflocken, Fenchelsamen, Paradieskörner. Das breite Spektrum an Spezialitäten wie klassischen Gewürzen wird stets frisch abgefüllt. Ein doppelter Deckel in den elegant anmutenden Dosen garantiert, dass die Frische lange erhalten bleibt. Die Rohstoffe werden meist aus dem Herkunftsland importiert, vieles in Bioqualität ist darunter. Ein Geschmackserlebnis sind auch die Gewürzkompositionen von Richard Möcks. Darunter etwa Delikates für Fisch, Käse, Bratkartoffeln, Chinesisches Fünf-Gewürz-Pulver oder das beliebte Dukkah – ein ägyptischer Nussdip, der nahezu jedes Gericht aufpeppt.

In einer gemütlichen Ecke des Ladenlokals darf nach Herzenslust geschnuppert und probiert werden. Und da Liebe durch den Magen geht, finden sich in der Manufaktur auch geschmackvolle Geschenksets für Salz-, Pfeffer-, Chili-, Curry- oder Weihnachtsfreunde.

Gewürze sind auch ohne Mahlzeit köstlich. Doch ohne Gewürze sind Mahlzeiten nichts. Rimoco führt Ihre Gerichte und Gaumen zu neuen Genussgipfeln.

Adresse Talstraße 48, 66119 Saarbrücken, Tel. 0681/93583801, www.rimoco.de, shop@rimoco.de | **Anfahrt** Buslinien 105, 108, 121, Haltestelle Spichererbergstraße | **Öffnungszeiten** Mo–Fr 10–16 Uhr | **Tipp** Jeweils zum 1. Adventswochenende lockt der Alt-Saarbrücker Weihnachtsmarkt mit einzigartiger Atmosphäre und zahlreichen originellen Buden – darunter viele Stände mit Kunsthandwerk und kulinarischen Kuriositäten –, der sich vom Schlossplatz aus über viele pittoreske, kleine Gassen erstreckt.

85 Roterfaden

Bloß nicht den Faden verlieren!

In unserem digitalen Zeitalter werden Kalender häufig nur noch elektronisch geführt. Doch was gibt es Schöneres, als auf hochwertiges Papier zu schreiben, das raschelt und sich umblättern lässt?

Für ihre Diplomarbeit entwickelte Grafikdesignerin Beate Mangrig 2006 den Prototypen eines universell einsetzbaren Taschenbegleiters. Im Vordergrund stand der Freiheitsgedanke bezüglich Gestaltung und Inhalt. Die Ziele: Ohne Lochungen sollte der Neue auskommen. Zettelwirtschaft war erlaubt, durfte aber nicht in Chaos enden.

Ihre Vision setzte Beate Mangrig gekonnt um. Bei Roterfaden kann sich ein jeder seinen optimalen Taschenbegleiter zusammenstellen. Die Mappen variieren in Format, Ausstattung, Material. Neben Begleitern aus Leder und edlem Wollfilz finden sich welche aus unkonventionellen Materialien wie Drucktuch mit innovativen Designs oder unifarbenem Tanzboden. Auch der Inhalt ist frei wählbar. Hier steht eine Vielzahl an Optionen zur Verfügung: Sie können etwa einen Roterfaden-Jahreskalender mit einem Notizheft, Adressbuch und Klarsichthüllen kombinieren, allesamt erhältlich in verschiedenen Größen. Für Pauker sind die Lehrerkalender zu empfehlen, für Kunstinteressierte die Lesehefte. Durch den einzigartigen Klammermechanismus lassen sich nicht nur Hefte einfach befestigen, sondern auch lose Blätter, Karten, Rechnungen. Vollgeschriebene Kalender tauscht man einfach aus. Dank Stiftschlaufe haben Sie Ihren Kugelschreiber immer parat; hinter Heften ist je nach Ausführung der Mappe in einer sicheren Halterung auch noch Platz für Ihr Tablet. Alle Begleiter werden in einer Näherei im Saarland von Hand gefertigt. Nicht nur in seiner Heimat erfreut sich das System großer Beliebtheit – der rote Faden zieht sich bis nach Berlin und von da aus über den Globus.

Auch wenn Sie von Terminen überschwemmt werden: Mit diesen Taschenbegleitern finden Sie Ihren Faden jederzeit wieder.

Adresse Rosenstraße 11, 66111 Saarbrücken, Tel. 0681/9590502, www.roterfaden.de, kontakt@roterfaden.de | **Anfahrt** Bus 126, 128, R 9, R 10, STB 1, Saarbahn S 1, Haltestelle Landwehrplatz | **Öffnungszeiten** Mo – Fr 8.30 – 18 Uhr; Sept. – Jan. auch Sa 11–16 Uhr | **Tipp** Ein paar Häuser weiter können Sie ohne vorherige Anmeldung einen von vielen Yogakursen bei Alexandra Blum besuchen.

86_Saar Alpaka

Unterwegs mit den Machos

Abseits der Innenstadt findet sich entlegen bei St. Arnual das kleine Paradies »Im Almet«. Hier, zwischen Wochenendhäusern, gepflegten Kleingärten und Höfen leben auch über 60 Lamas und Alpakas – jene sanftmütigen, domestizierten Kamele aus Peru. Saar Alpaka ist die erste Farm im Saarland, die sie züchtet. Zur Farm gehört auch ein Hofladen. Dort können Sie etwa Wolle der Tiere erwerben. Ein Foto mit Namensangabe gibt Aufschluss darüber, von welchen Alpakas sie stammt. Die Wolle der hauseigenen Tiere ist komplett naturbelassen. Die weichen Fasern des Alpakafells sind innen hohl; es wärmt und kühlt zugleich. Geschoren werden die Tiere jedes Frühjahr. Neben dieser Wolle entdecken Sie auch Seife aus dem Keratin der Alpakawolle, die besonders pflegend wirkt und umwerfend gut duftet, zugekaufte farbige Wolle von den Verwandten der Saar Alpakas in Südamerika, Socken, Mützen, Schals und schicke Cardigans aus dem »Vlies der Götter«, peruanische Handarbeiten oder Geschenkideen rund um das Alpaka.

Wenn Sie aus dem Hofladen treten, erblicken Sie die herzigen Tiere, die in mehreren artgerechten Gehegen leben. Alpakas sind übrigens Fluchttiere. Dank Graspellets kann man sich allerdings beliebt machen, sie anlocken und am Hals streicheln. Kindern und Erwachsenen wird auf der Farm die Möglichkeit geboten, die südamerikanischen Kamele näher kennenzulernen. Wie wäre es mit einer Wandertour? Mit einem Alpaka- oder Lamahengst (»Macho«) am Halfter können Sie durch Wald und Wiesen des Saarbrücker Almet wandern und dabei Ihr Picknick von den Tieren tragen lassen. Neben einer einstündigen Schnuppertour, die sich gut für Kinder eignet, findet sich eine Tagestour im Programm. Auch Erlebnistage oder -wochenenden können Sie buchen.

Inmitten der paradiesischen Idylle schalten vor allem gestresste Großstädter unter den ruhigen Herdentieren wunderbar ab. Die Alpakas werden Sie l(i)ebenswert bereichern.

Adresse Erbeldinger Hof, Im Almet 163, 66119 Saarbrücken, Tel. 0681/6809817, www.saar-alpaka.de, info@saar-alpaka.de | Anfahrt Bus 108, 126, 128, 136, Haltestelle Julius-Kiefer-Straße | Öffnungszeiten Ende März bis Ende Okt. Sa, So, Feiertage 13–18 Uhr; Nov. bis Ende März Sa, So, Feiertage 13–17 Uhr | Tipp In der »Tabaksmühle« können Sie saarländische Spezialitäten und viele andere delikate Gerichte genießen.

87__Schmitt Obstbau

Ausgezeichnetes vom Apfel

Was in Frankreich der Cidre, ist in Merzig und Trier der Viez. Obstbau Schmitt, 1880 als traditioneller landwirtschaftlicher Betrieb entstanden, hat sich in der nunmehr fünften Generation dem Apfelwein wie anderen außergewöhnlichen Apfelprodukten verschrieben. Der Biobetrieb ist auf alte Apfelarten spezialisiert. Auf den eigenen Streuobstwiesen mit 800 Bäumen findet sich etwa die Goldparmäne – eine aussterbende Sorte mit leicht nussigem Aroma. Während Apfelwein von großen Herstellern nahezu identisch schmecken muss und oftmals Apfelsaftkonzentrat beigemischt wird, zeigt sich Wolfgang Schmitt mit seinen Naturprodukten mutiger. In der hauseigenen Kelterei entstehen unter anderem ein sortenreiner Apfelwein aus Topaz, eine Eislese aus gefrorenen Äpfeln und der Hollerviez – ein Apfelwein mit Holunder. Doch auch mit anderen Früchten wird experimentiert. Bei der Schöpfung »Pirouette« handelt es sich um einen Sekt aus Birnen. Der Geschmack? »Ein Fenster im Kopf, das bis dato unbesetzt war«, so Wolfgang Schmitt. Sein Mut zahlt sich aus: Die Schmittschen Erzeugnisse wurden von den Freunden und Förderern der hessischen Apfelweinkultur e.V. bereits dreimal mit dem »Pomme d'Or« ausgezeichnet.

Neben Viezprodukten, Apfelsäften und sortenreinen Apfelbränden werden im Hofladen Apfelessig oder Balsamico angeboten. Der Viez aus Menningen ist übrigens auch in den goldprämierten Vieztrüffeln des Traditionscafés Resch in Eppelborn (Vgl. S. 172) enthalten.

Wenn das kleine Geschäft samstags seine Türen öffnet, können Besucher Produkte begutachten und probieren, in Apfelweinliteratur blättern oder mit Herrn Schmitt über seine Nischenprodukte plaudern. Wussten Sie schon, dass Apfelwein in anderen Städten anders getrunken wird? In Trier vermischt man ihn etwa mit Limonade. Oder was der Begriff »Viez« bedeutet? Finden Sie es heraus …

Hier gibt es Ausgezeichnetes vom Apfel – in doppelter Hinsicht. Vive le Viez!

Adresse Saarmühlenstraße 57, 66663 Merzig-Menningen, Tel. 06861/9393674, www.obstbau-schmitt.de, wo.schmitt@t-online.de | **Anfahrt** Bus 201, 202 AST 208, Haltestelle Menningen Ortsmitte | **Öffnungszeiten** Sa 14–17 Uhr und nach telefonischer Absprache | **Tipp** Vor dem Viezgenuss können Sie bei »Das Bad Merzig« in Wasserwelten und Saunalandschaften entspannen.

88 Die Schnibbler

Kuriose Kettensägen-Kunst

Heute ist es wieder so weit. Daniel Böhm und Marcus Fahrenhold schreiten zur Tat. Mit Kettensägen bewaffnet nähern sie sich ihren unschuldigen Opfern. Kaum heult die Säge auf, wird von allen Richtungen auf die stummen Baumstämme eingewirkt. Aber was ist das? Sind da in einem Stamm etwa Konturen eines Gesichts zu erkennen? Tatsächlich: Langsam werden Ohren, Augen und Nase sichtbar, bis nach diesem Kettensägen-Massaker ein ganzer Bär vor seinen Schöpfern steht.

Daniel Böhm und Marcus Fahrenhold kamen durch ihren Beruf als Forstwirte erstmals mit der Kettensäge und dem vielseitigen Naturmaterial in Berührung. In ihrem Schaffensraum tummeln sich die unterschiedlichsten Objekte. Viele Motive stammen aus den Bereichen Flora und Fauna – darunter hölzerne Adler auf ebensolchen Felsen, gigantische Pilze und Bäume, geheimnisvolle Wichtel, Riesenschildkröten, Holzbänke mit kunstvoll gearbeiteten Pferdeköpfen oder Eulen verschiedener Größen mit bernsteinfarbenen Augen sowie edlem braunen Gefieder, die links und rechts von der Sitzfläche auf Ästen thronen. Gerne werden auch Ihre verrückten Ideen mit der Kettensäge in Holz geschnitzt.

Die Kunstwerke entstehen vor allem aus Holz heimischer Baumarten. Zur Gestaltung von Feinheiten werden spezielle Caving-Aufsätze verwendet. Einige Arbeiten bleiben unbehandelt und sind somit Natur pur, anderen wiederum werden mit Lack, Leinöl, Lasur oder Graffitifarbe spezielle Effekte verliehen. Bei besonders aufwendigen Arbeiten stellen die Saarländer Einzelteile getrennt her – so etwa Flügel für ein drei Meter hohes Totem.

Die Unikate wurden meist auf Kundenwunsch gefertigt, jedoch entdecken Sie vor Ort ein paar Werke, die zur Abholung bereit sind. Auch Baumstumpfveredelung bieten die Kettensägen-Künstler an. Oder wie wäre es mit einem Event im Schauschnitzen?

Bilder hängen an nahezu jeder Wand. Mit der Kettensägen-Kunst können Sie neue Akzente setzen.

Adresse Hartgiebelstraße 2, 66265 Heusweiler, Tel. 0151/19409341 (Marcus Fahrenhold), 0177/2590865 (Daniel Böhm), www.dieschnibbler.de, marcus@die-schnibbler.de | **Anfahrt** Bus 140, 141, 149, 190, 301, Haltestelle Heusweiler Markt | **Öffnungszeiten** nach Vereinbarung | **Tipp** Reitunterricht nach Westernart oder gar Reitferien gefällig? Dann sind Sie mit dem Westernhof »Kuhn Ranch« in Berschweiler gut beraten.

89__Schnickschnack

Zum Thema Beuteschema

»Wer hier nix find, ist blind!«, ruft ein Schnäppchenjäger, der nach erfolgreicher Pirsch mit der erworbenen Beute durch die Ladentür entschwindet. Und in der Tat: Dieses skurrile Sammelsurium wird Jäger und Sammler aller Art begeistern.

Die einen bieten im Kaufhaus Schnickschnack Altes, Neues, Geerbtes oder Geschenke, die sie sich nie gewünscht haben, auf angemieteten Regalbrettern zum Verkauf. Die anderen suchen. Etwa nach gewöhnlichen Gebrauchsgegenständen oder seltenen Schätzen. Die meisten Besucher aber frönen beiden Aktivitäten.

Und so prallen die unterschiedlichsten Welten wie Waren aufeinander. Normales mischt sich mit Verrücktem. Traditionelles mit Trendigem. Hier trifft eine echte Hasenpfote auf falschen Pelz, Möbel aus Kriegszeiten, ein Beichtstuhl aus dem 17. Jahrhundert oder alte Steiffplüschtiere auf moderne Gemälde, ausgefallenes Geschirr, schräge Wohnaccessoires, Nippes und Gedöns. Auch Selbstgebasteltes, -gemaltes und -genähtes wie ganze Sammlungen sind darunter.

Das Spannende: Das Angebot auf 700 Quadratmetern ändert sich täglich. Der Preis der Artikel wird von den Anbietern selbst auf Etiketten vermerkt, vieles findet für ein paar Euro einen neuen Besitzer. Sparfüchse kaufen etwa gebrauchte Kleidung und Bücher, Sammler seltenes Porzellan oder Kameras aus längst vergangenen Jahrhunderten. Bodenständige entdecken Antiquitäten, Trendsetter kunstvolle Taschen, die junge Künstler in ihren Regalen darbieten. In der Kaffee-Ecke kann der Suchende vor, nach oder zwischen dem Finden etwas trinken und mit anderen Schnickschnackern angeregt plaudern.

Auf diesem großen, ganzjährig geöffneten Flohmarkt haben Besucher auch bei schlechtem Wetter Spaß. Das Rätsel um die Geschichte so manches Gegenstandes macht den Einkauf gleich noch viel interessanter. Bei diesem Schnickschnack gänzlich unterschiedlicher Couleur ist für Jäger jeden Beuteschemas etwas dabei.

Adresse Lessingstraße 61, 66121 Saarbrücken, Tel. 0681/98802885, www.schnickschnack.me, info@schnickschnack.me | **Anfahrt** Bus 105, Haltestelle Lessingstraße | **Öffnungszeiten** Mo–Fr 10–19 Uhr, Sa 10–16 Uhr | **Tipp** Eine Straße weiter können sich Jäger und Sammler nach ihren Beutezügen im »Le Bouchon« am Staden gebührend stärken.

90_Quanah Schott Patisserie

Gott der süßen Sünde

Mitten im Saarland genießen wie Gott in Frankreich? Wo das möglich ist? Na hier, in Quanah Schotts kleiner, aber feiner Patisserie.

Die Geschichte des Jünglings, der auszog, die hohe Kunst des Konditorwesens zu erlernen, ist schnell erzählt. Nach seinem Schulabschluss begab sich der zweisprachig aufgewachsene Saarländer nach Paris, absolvierte beim Spitzenpatissier Pierre Hermé eine Ausbildung und arbeitete dort rund zehn Jahre. Mit allerlei gezuckertem Wissen im Gepäck kehrte er zurück in die Heimat und eröffnete in der Mainzer Straße seine eigene Naschwerkstatt.

Kaum hat man das Geschäft betreten, taucht man ein in ein buntes Meer aus Macarons – jener französischen Köstlichkeit aus frischem Biskuit mit Füllung auf Konfitüren- oder Schokoladenbasis. An diesem sündig-süßen Ort tummeln sich Macarons in den unterschiedlichsten Farben, Größen und Geschmacksrichtungen. Mit Tahiti-Vanille oder Himbeer-Maracuja. In Froschgrün mit heller Creme. Große Macarons kunstvoll belegt mit Früchten der Saison. Oder farbenfrohe Mischungen aus Mini-Macarons in liebevoller Geschenkverpackung.

Das Angebot an süßen Sachen wechselt regelmäßig. Stets darf man gespannt sein auf den Macaron, das Eclair oder den Kuchen des Monats. Mit viel Phantasie setzt Quanah Schott Cheesecake-Rezepte nach französischer Technik um – mit Karamellboden, luftig-leichter Creme und kunstvollen Gebilden aus hauchdünner, weißer Schokolade. Ebenso führen die Eclairs oder Tartelettes den Betrachter in Versuchung. Während der Sommermonate verlocken auch Eis und Sorbet.

In der gläsernen Küche kann der Kunde dem Konditor oftmals bei der Arbeit über die Schulter blicken, während sich seine Freundin Marie, die er aus Frankreich mitgebracht hat, um die Kundschaft kümmert. Der Geheimtipp? Die Limette-Basilikum-Macarons. Aber auch nach dem Verzehr der anderen Köstlichkeiten fühlen Sie sich wie Gott im Saarland.

Adresse Mainzer Straße 86–88, 66121 Saarbrücken, Tel. 0681/93583954, www.facebook.com/QuanahSchottPatisserie, quanah.schott@quanahschott.com | **Anfahrt** Bus 105, 125, Haltestelle Paul-Marien-Straße; Saarbahn S 1, Haltestelle Landwehrplatz | **Öffnungszeiten** Mi–Fr 11–18.30 Uhr, Sa 8–18 Uhr, So 8–16 Uhr | **Tipp** Direkt gegenüber kann man im »GästeHaus« bei Sternekoch Klaus Erfort auf höchstem Niveau schlemmen, bevor man sich der süßen Sünde hingibt.

91__Das Seifenland

Das Leben ist wie eine Badepraline

Wenn Natascha Körner zur Arbeit schreitet, dann meist mit Rührschüsseln, Gießformen oder Eisportionierern. In ihrer Küche wird gerührt, gegossen und geschnitten. Die Zutaten bezieht sie überwiegend aus dem Bäckereigroßhandel. Eine Bäckerin aber ist sie nicht.

Bei ihrem Arbeitsraum handelt es sich um eine Küche der besonderen Art. Hier entstehen aus Sheabutter, Olivenöl oder Meersalz Pflegeprodukte. Zur Seife kam die Saarländerin vor zehn Jahren. Nach der Geburt ihres Sohnes suchte sie nach Artikeln ohne schädliche Zusatzstoffe. Doch die Auswahl war gering, und so begann sie, ihre eigene Kosmetik herzustellen – ganz ohne Aufschäumer oder Konservierungsmittel. Seit 2009 kreiert Natascha Körner in der ehemaligen Hildegardis-Apotheke eigene Produkte. Zunächst nur für sich, Familie, Freunde. Doch da so viele Leute ihre Seifen ausprobieren wollten, entschied sie, den vorderen Bereich als Verkaufsraum zu nutzen.

Mit seinen stimmungsvollen fliederfarbenen Tapeten – zum Teil üppig floral gemustert –, den breiten Holztischen und den vielen violetten Regalen erinnert das Seifenland an einen Blumenladen. Allerdings sorgen hier keine Blüten für den herrlichen Duft, sondern Dutzende handgesiedete Seifenunikate, Badepralinen oder feste Schaumbäder in originellen Formen, Farben und Duftmischungen. Neben Klassikern wie den Lavendel-, Rosen- und Olivenseifen entsteht in der Seifenküche auch Fruchtiges und Orientalisches. Regelmäßig kommen neue Sorten wie Produkte hinzu.

Auch etwas Besonderes: die cleveren Artikel rund um die Seife. Da herkömmliche Keramikschalen Pflegeprodukte aufweichen, finden sich im Seifenland getrocknete Scheiben der Luffa-Gurke und Seifennetze, in denen die Stücke rasch abtropfen können.

Melonen-, Waldmeister- oder doch »Nero«-Seife? Wofür auch immer Sie sich entscheiden: Das Leben ist wie eine Schachtel (Bade-)Pralinen. Nur, dass Sie hier wissen, was Sie bekommen …

Adresse Hauptstraße 98, 66583 Spiesen-Elversberg, Tel. 06821/9838350, www.das-seifenland.de, info@das-seifenland.de | **Anfahrt** Bus R 6, Haltestelle Am Markt | **Öffnungszeiten** Mo, Di, Do, Fr 10–12 und 15–18 Uhr, Mi 10–12 Uhr, Sa 10–13 Uhr | **Tipp** Direkt hinter dem Seifenland befinden sich der »Gänselieselbrunnen« und das denkmalgeschützte »Lionsche Haus«, welches nicht nur zur Besichtigung, sondern auch zu Pizza und Pasta lädt.

92 Shops Weltkulturerbe Völklinger Hütte

Alles andere als Schrott

Das Weltkulturerbe Völklinger Hütte gehört zum Saarland wie das Brandenburger Tor zu Berlin oder der Eiffelturm zu Paris.

1994 wurde die einzigartige Industrielandschaft von der UNESCO zum Weltkulturerbe erhoben. Alle Phasen der Roheisenerzeugung sind hier am authentischen Ort nachvollziehbar. Damit steht die Völklinger Hütte in einer Liga mit der Lagune Venedigs, dem Ätna oder den Pyramiden von Gizeh.

Das 1986 stillgelegte Werk können Sie täglich besichtigen und an einer der zahlreichen Führungen teilnehmen. Möchten auch Sie einmal die Aussichtsplattform der Hochofenanlage erklimmen? Durch die Sinterhalle schreiten? Sich ins »Paradies«, ein wildes Fleckchen Natur inmitten der Stadt, zurückziehen und die Seele baumeln lassen? Oder im »Science Center Ferrodrom« die vier Elemente erleben?

Alle zwei Jahre wird das Weltkulturerbe Völklinger Hütte Schauplatz der Urban-Art Biennale, wo Besucher über mehrere Monate beeindruckende Arbeiten nationaler sowie internationaler Künstler bestaunen können. Hinzu kommen wechselnde Ausstellungen – von Asterix über Mel Ramos bis zu Da Vinci. Die Besucherzahlen liegen jährlich im sechsstelligen Bereich.

In diesem industriellen Ambiente treffen Sie auf die beiden Verkaufsshops. Der eine nimmt Bezug zur jeweils aktuellen Ausstellung. So wartete er zum Thema Ägypten etwa mit kunstvollen Papyri, ägyptischem Schmuck oder Statuen auf. In dem anderen, immerwährenden Laden treffen nicht nur Touristen auf die hochwertigen, hauseigenen Bildbände zu aktuellen wie vergangenen Ausstellungen, eine große Auswahl an Postkarten mit Motiven der Völklinger Hütte, »Berschmannsgudsja« oder »Grubengold«.

Ein großes Stück Kultur – nicht nur in der Region Saar-Lor-Lux, sondern weltweit.

Adresse Rathausstraße 75–79, 66333 Völklingen, www.voelklinger-huette.org, mail@voelklinger-huette.org | **Anfahrt** Bahn RB 33718, RB 33720 (Trier), RB 33719, RB 33721 (Homburg); Bus 183, 184, 187, 195, Haltestelle Bahnhof Völklingen | **Öffnungszeiten** Sommer Mo–So 10–19 Uhr, Winter Mo–So 10–18 Uhr | **Tipp** Jeden Sommer zieht das »Saarfest« an der Schiffsanlegestelle unmittelbar gegenüber mit vielseitigem Bühnen- und Unterhaltungsprogramm, national begehrten Musik-Acts und Drachenbootrennen zahlreiche Gäste an.

93__SiSenior

Biegsames Besteck und Designergehstöcke

Es gibt viele Herrenausstatter, noch mehr Geschäfte allein für die Frau und Läden, die ausschließlich Teenager zum Shoppen verleiten. Mit Geschäften für Senioren allerdings sieht es schlecht aus. Dies dachten sich auch Wolfgang Hammes und seine Schwester Annette Scherer und spezialisierten sich immer mehr auf diesen Bereich. Bei SiSenior finden sich hilfreiche Produkte für Senioren, Menschen mit Behinderungen oder körperlichen Einschränkungen, etwa nach einem Sturz oder Unfall.

Die Alltagshelfer entstammen sämtlichen Bereichen. Sie erleichtern das Leben und machen es komfortabler. Da gibt es etwa Besen und Kämme mit besonders langem Stiel, Handys mit großen Tasten oder Armbanduhren, Thermometer, Personenwaagen und Blutdruckmessgeräte, die dem Nutzer die Zahlenwerte sprechend mitteilen. Besonders praktisch: Das biegsame Besteck und die Teller mit schrägem Innenboden für die einseitige Benutzung. Unverzichtbar: der Gehstock, der sich bei SiSenior in unterschiedlichen Varianten tummelt. Wie wäre es mit einem Schirm, mit dem der Besitzer einerseits bestens gegen Unwetter geschützt ist und der andererseits wie ein Gehstock belastet werden kann? Was in jungen Jahren die Designerhandtasche italienischer Nobelmarken, ist in vorgeschrittenem Alter der dänische Designergehstock – elegant anmutend, stabil und dabei fast leicht wie eine Feder. Auch für Unterhaltung ist bei SiSenior gesorgt; etwa mit überdimensionalen Brettspielen oder groß bedruckten Spielkarten.

Ergotherapeut Wolfgang Hammes gründete das Geschäft 2006. Häufig fragten ihn Patienten, wo man diesen oder jenen Spezialartikel bloß kaufen könne, und dies veranlasste ihn, selbst eine allumfassende Auswahl anzubieten. Nicht selten hört man hier den Spruch »Ich wusste gar nicht, dass es so etwas gibt …«

DAS Geschäft für Menschen mit Handicap, Senioren und Senioritas, die nicht auf Lebensqualität verzichten möchten.

Adresse Gerberstraße 27, 66111 Saarbrücken, Tel. 0681/95809500, www.sisenior.de, info@sisenior.de | **Anfahrt** Bus 102, 103, 104, 106, 109, Haltestelle Rathaus | **Öffnungszeiten** Mo–Fr 10–18 Uhr, Sa 10–13 Uhr | **Tipp** Bei »Bolay's Bio-Bistro« in der Türkenstraße können Menschen jeden Alters und Geschmacks gut und preiswert essen – auch glutenfrei oder ohne Fleisch.

94__Six + Four

Temple of Rock & Pop

Reisen wir kurz zurück in der Historie des Klangtempels. Seine Geschichte beginnt Ende der 1980er Jahre, als Heiko Bellon in der Familiengarage seinen Laden für sechs- und viersaitige Musikinstrumente eröffnet – trotz Startkapitals von nur vier gebrauchten Gitarren bald eine beliebte Insideradresse. Dann kreuzen sich die Wege von Bellon und Johannes Bieg, die nun gemeinsam viel Musikerblut in Six + Four fließen lassen. Bieg spielte in der saarländischen Band »Blackeyed Blonde« und plauderte vor seinem Wacken-Auftritt mit Legende Lemmy von Motörhead.

Das einstige Zwei-Mann-Unternehmen wuchs stetig. Seit 1998 erstrahlt es in einem gigantischen Tempel aus Glas, in dem angehende wie professionelle Musiker nach Herzenslaune Instrumente begutachten und spielen dürfen. Inzwischen umfasst das musikalische Repertoire nicht mehr nur Gitarre und Bass – eine große Auswahl an Tasteninstrumenten, Schlagzeugen, Recording wie DJ-Equipment oder Bühnentechnik ist hinzugekommen. Jeder Kategorie wurde ein eigener Raum gewidmet. Auch der Beschallung von Kirchen und der Unterstützung des Backline-Supports bei regionalen Festivals nimmt sich das Team gern an.

Beim einzigen Gibson- wie Fender-Händler ist die Begeisterung für Musik überall zu spüren. So etwa in den riesigen Lampen aus Hi-Hats, die sich in der Glasfassade spiegeln. An den Wänden kann man die Saar Rock History-Ausstellung begutachten, die vom Historischen Museum Saar dauerhaft zu Six + Four gezogen ist und etwa Fotos aus den frühen Phasen saarländischer Bands zeigt.

Ein Highlight: die alljährliche Hausmesse mit Musikerflohmarkt, auf dem Raritäten entdeckt werden können und die zu einem festen Treffpunkt der unterschiedlichsten Musiker und Szenen avanciert ist. Bei diesem Event, zu dem Tausende Gäste pilgern, stellen rund 50 Aussteller ihre Neuheiten zum musikalischen Programm vor. Wie Sie diesen modernen Musiktempel finden? Einfach den Ohren nach …

Adresse Im Hessenland 14, 66280 Sulzbach, Tel. 06897/924940, www.sixandfour.de, info@sixandfour.de | **Anfahrt** Bus 103, 104, Haltestelle Schnappacher Weg | **Öffnungszeiten** Mo – Fr 10 – 19 Uhr, Sa 10 – 16 Uhr | **Tipp** Sie haben nun eine Gitarre, können aber noch nicht spielen? Zwei Straßen weiter kann man in der »Musikschule Sulzbach« Instrumente erlernen.

95__Skill Skin

Der Leder-Lagerfeld

Simone Kurda und Stefan Röttger verfügen über die Skill Skin. Diese Macht kann man nicht mit einem einzigen Wort beschreiben, denn sie umfasst eine ganze Reihe von Geschicken: Skill Skin ist die Fähigkeit, Motorradbekleidung bezüglich Sicherheit und Passform zu optimieren oder bei einem Sturz beschädigte zu reparieren. Skill Skin ist auch die Kunst, Dinge aus Leder optisch zu veredeln.

Da Leder besonders schwer zu nähen ist, experimentierte Stefan Röttger Tag und Nacht mit Nähmaschinen und baute alte Modelle so um, dass er sie für die Skill Skin-Bekleidungstechnik nutzen kann. Nähte werden ohne umständliches Auftrennen erreicht, auch an entlegenen Stellen. Um besten Schutz zu gewährleisten, entwickelte der Leder-Lagerfeld ebenfalls ein eigenes Protektorensystem: Das Team näht vorgespannte Weichschaumprotektoren in Textilhüllen ein, die unverrückbar im Motorradanzug vernäht werden und ganze Körperpartien wie Rücken/Schulterblatt/Steiß oder Ellenbogen/Unterarm schützen und nicht nur die Gelenke. In der Manufaktur tummeln sich unzählige Lederrollen. Neben dem Originalleder namhafter Hersteller finden sich etwa Carbon- oder besonders zähes Känguruleder.

Optisch getunt werden Lederkombis, aber auch Jacken, Stiefel oder Accessoires von Simone Kurda. Fräulein Scissor zeichnet, schneidet und setzt detailverliebte Bilder aus bunten Lederstücken zusammen. Mal glänzen sie, mal sind sie matt, glitzern oder faszinieren in Reptilienoptik. Wie wäre es etwa mit einem Namenszug, auf dem Rosen sprießen?

Das Lederpärchen entwirft atemberaubend sichere und fesche Outfits für zahlreiche Hobbyfahrer oder WM-Profis und kleidet auch die Teams von Stefan Raabs Sportabenteuern ein.

Egal ob kunstvoll verzierte Handtasche oder auf den Leib geschneiderte, schützende Motorradkombi: Sie werden die einzigartigen, langlebigen Unikate mit der gleichen Leidenschaft tragen, mit der sie hergestellt wurden.

Adresse Ziegelhütter Straße 32, 66292 Riegelsberg, Tel. 06806/952425, www.skill-skin.com, info@skill-skin.com | **Anfahrt** Bus 142, Haltestelle Ziegelhütter Straße | **Öffnungszeiten** Mo–Fr 10–18 Uhr | **Tipp** Auf dem »Riegelsberger Ziegenhof« können Sie Milch, Joghurt, Käse und Fleisch von Ziegen kaufen.

96__Sophi(e)stication

Die Designerin mit der Maus

Während sich Kinderbekleidung meist von ihrer kunterbunten Seite präsentiert, dominieren bei Sophi(e)stication natürliche Töne und pastellige Farbkombinationen. Statt lieblichen Schmetterlingen schwirrt etwa eine Motte über ein Kleid. Von einem anderen blickt eine struppige, grimmige Katze. Die Stücke verfügen über eigenständigen Charme. Mal sind sie klassisch, mal verspielt oder gar ein bisschen skurril, immer hochraffiniert und niemals kitschig.

Vor der Eröffnung ihrer eigenen kleinen Boutique in der Galerie Louvigny studierte Sophie DeWalque Modedesign und arbeitete danach als Kinderdesignerin bei »Lamantine« in Paris. Bei ihr findet sich vieles, worauf Mädchen von zwei bis zehn Jahren ungern verzichten: Kleider, Kissen, Ketten und Kuscheltier … äh … mäuse. Denn die Maus ist omnipräsent – mal gedruckt oder gar gefilzt mit Herz, Luftballon oder Weihnachtsmütze an Ketten. Wie es dazu kam? »Die erste Kollektion war Cinderella gewidmet. Als ich die nächste entwarf, fragten viele, ob ich nicht noch etwas mit Mäusen habe. Also entschied ich, die Maus weiterhin einzubauen.« Manchmal erkennt man sie erst auf den zweiten Blick – etwa auf einem dunklen Kleid, an dessen Saum das Nagetier auf die wichtigsten Attribute reduziert in Gold glitzert.

Bei einigen Arbeiten wurde Sophie DeWalque von Künstler Alexander Henry inspiriert, dessen Figuren sich auf den Stoffen wiederfinden. Die etwas finster dreinschauenden Gestalten mit grazilem, verschnörkeltem Strich amüsieren nicht nur Kinder.

Da sich auch Erwachsene von ihrer Mode magisch angezogen fühlen, kommt es zuweilen zu lustigen Situationen, wenn Frauen versuchen, sich in zu kleine Röcke zu zwängen. Gern schneidert die Luxemburgerin auch Stücke nach Maß oder es wird gemeinsam in ihrem Atelier genäht. Die gute Nachricht: Die Mäuseketten sind auch für große Mädchen erhältlich.

Kindermode von Sophie DeWalque ist mausestark und so sophisticated!

Adresse 34 Rue Philippe II, L-2340 Luxembourg, Tel. +352/691677068, www.facebook.com/sophiesticationbydewalque, sophiestication@gmail.com | **Anfahrt** Hauptbahnhof Luxemburg (Züge in alle Richtungen) | **Öffnungszeiten** Di–Sa 10.30–18.30 Uhr | **Tipp** Ein paar Häuser weiter findet sich gleich noch ein Geschäft für Kinder: die »Spillbuttek«.

97__Stiefel Bräu

Wo Hopfen und Malz gedeihen

Das Saarland ist nicht nur die Region der grünen Wälder und der Schwenkkultur, sondern auch die Heimat guten Bieres. Neben Karlsberg erfreut sich die Bruch Brauerei mit Sorten wie Bruch's No. 1, Zwickel oder SaarGold großer Beliebtheit.

Saarbrückens Bierkönig Thomas Bruch, der die Brau- und Gasthaustradition in achter Generation fortführt, regiert zugleich über den »Stiefel« – eine der ersten Gasthaus-Brauereien des Saarlandes. Als anno 1702 neben Johann Daniel Bruchs Brauerei ein Schuster das Gasthaus »Zum Stiefel« eröffnete, verliebte sich besagter Daniel Bruch in dessen Tochter; so nahm die Geschichte ihren Lauf. Eine äußerst bunte Geschichte: In den Jahren 1933 bis 1935 war der Stiefel Treffpunkt politisch und religiös Verfolgter. Kurz darauf bezog der Reichsrundfunksender Quartier; nach Kriegsende schließlich avancierte der Stiefel zum französischen Offizierscasino. Nachdem ein Kino sein schlüpfriges Programm im neu entstandenen Rotlichtviertel am St. Johanner Markt zeigte und »Lolas Bistro« die Gäste des Max Ophüls-Wettbewerbes bewirtete, erhielt 1990 die alte Brauereitradition wieder Einzug.

Bei Stiefel Bräu können Bierfreunde mild gehopftes, helles Vollbier (»Stiefel Bräu hell«) und malzaromatisches, dunkles Vollbier (»Stiefel Bräu dunkel«) genießen. Je nach Saison stehen weitere Spezialitäten wie Märzen-, Weizen-, Roggen-, Fest- oder Bockbier zur Auswahl. Dazu bieten sich Landesgerichte wie Gefillde, eine Saarschleife – ein Ring Lyoner vom Grill mit Bratkartoffeln – oder mit Käse und Dürrfleisch gefüllte Braumeisterschnitzel in dunkler Biersauce zu Kartoffeln an. Veggies kommen bei der grünen Lasagne oder dem Gemüsecurry auf ihre Kosten.

Sie haben es eilig, wollen heute aber nicht auf ein gutes Bier verzichten? Kein Problem – die Biere können Sie auch in Ein- oder Zwei-Liter-Krügen mitnehmen.

Bei Stiefel Bräu sind Hopfen und Malz nicht verloren, sondern blühen zur Hochform auf.

Adresse Am Stiefel 2, 66111 Saarbrücken, Tel. 0681/936450, www.stiefelgastronomie.de, derstiefel@t-online.de | **Anfahrt** Bus 102, 103, 104, 106, 109, Haltestelle Rathaus | **Öffnungszeiten** Mo–Sa 11.45–24 Uhr, So Ruhetag | **Tipp** Jeden August öffnet die Bruch Brauerei in der Scheidter Straße ihre Pforten zum großen Brauereifest. Prost!

98__Stielvoll

Welt des Sti(e)ls

Bereits vor dem riesigen Schaufenster in der Trierer Neustraße lässt ein riesiges Meer aus Blumen Passanten und Pflanzenfreunde aufblühen. So himmlisch wie zur Frühjahrszeit in Gärten, Wiesen oder Wäldern duftet es bei Stielvoll das gesamte Jahr über. Dafür sorgen etwa Aberdutzende von Rosen, Tulpen, Nelken oder exotischen Blumen. Auch das Entdecken macht in diesem Geschäft so viel Spaß wie ein Spaziergang über Sommerwiesen.

Neben einer großen Auswahl an frischen Schnittblumen entdecken Sie bei Stielvoll blumige Arrangements – mal klassisch, mal extravagant –, kleine Bäume, edle Übertöpfe, Vasen und Laternen. Auch für liebevolle Dekorationen haben Doris Feigen und ihr duftes Team das richtige Gespür. Im Frühjahr erblühen Frühlingsblumen wie Hyazinthen, Tulpen oder Vergissmeinnicht zwischen Baumstämmen, auf denen Vögel thronen; auch die Gestecke, etwa aus Weidenkätzchen und weißen Rosen, die mit Federn und kleinen gesprenkelten Eiern verziert werden, sind ein Fest für die Augen. In der Adventszeit hingegen entdecken Sie Weihnachtssterne, Frauenschuhe und Orchideen in festlichen Farben zwischen riesigen goldenen Äpfeln, verschneiten Zweigen, modernen metallenen Engeln und Schalen voller bunter Kugeln. Im November lädt außerdem die Adventsausstellung zur Blumenschau der Extraklasse.

Sie suchen ein Geschenk für jemanden, der schon alles hat? Wie wäre es mit einem Blumen-Abo, bei dem der Beschenkte monatlich oder gar wöchentlich Blumensträuße nach Hause geliefert bekommt?

An diesem Ort wachsen nahezu überall Blumen – sogar in Vogelkäfigen oder auf einem alten Herd. Die Dekorationen orientieren sich an aktuellen Modefarben. Bei dem harmonischen Zusammenspiel von Pflanzen und Umgebung, das sich hier offenbart, kann sich der Besucher wunderbar für die Blumengestaltung in den eigenen vier Wänden inspirieren lassen.

Gar keine Frage – hier haben nicht nur die Blumen Sti(e)l!

Adresse Neustraße 71, 54290 Trier, Tel. 0651/9945955, blumen-stielvoll@t-online.de | **Anfahrt** Bus 2, 30, 33, 81, 84, Haltestelle Stadtbibliothek | **Öffnungszeiten** Mo–Fr 8.30–19 Uhr, Sa 8.30–18 Uhr | **Tipp** Wenn Sie sich nicht sattsehen können an schönen Dekorationen und Wohnaccessoires, dann schauen Sie doch mal ein paar Häuser weiter bei »Terra Viva« oder »Lieblingsstücke« vorbei.

99__Surf'In

Hereingesurft

Wie eine Riesenwelle lockt Surf'In nicht nur Wasser-, sondern auch Wintersportler oder Skater aus ihren Verstecken.

An den Wänden wimmelt es von bunten Brettern für die unterschiedlichsten Einsatzgebiete. Benötigen Sie ein Snow-, Long- oder Pennyboard? Und wie mögen Sie Ihr Board? Unifarben, mit kunstvollem Muster, Pin-up-Motiv oder veritablen Gemälden mit feinem Strich, die einer Graphic Novel entsprungen sein könnten? Todesmutige Sportler greifen etwa zu Brettern mit Totenschädeln aus Eiskristallen vor schwarzem Nachthimmel oder »I ♥ Death«-Schriftzügen. Die meisten Boards sind limitiert und so nicht bloß Erinnerung an die eigenen actiongeladenen Abenteuer, sondern auch Sammelobjekt.

Gründer Patrick Stoffel kann bei seiner Beratung auf einen großen Erfahrungshorizont zurückgreifen. Der leidenschaftliche Sportler war Luxemburger Meister im Snowboarden, Windsurfen und Wakeboarden. Eines seiner spektakulärsten Abenteuer? Die erste Abfahrt mit dem Snowboard von einem Berg in Alaska. Vor rund 30 Jahren gründete er Surf'In, damals noch ein reines Fachgeschäft für Wellenreiter. Inzwischen sind Artikel für urbane Sportarten, Winter- und weitere Wassersportarten wie Wakeboarden und Kitesurfen hinzugekommen. Snowboarden macht den größten Bereich des Geschäfts aus. Bei Surf'In wird Sport gelebt. Hier berät Sie immer jemand, der Ihre Sportart selbst betreibt. Neben dem Surf- und Snowboard-Fachmann arbeiten etwa zwei Skate-Experten oder ein Freestyle-Snowboarder im Haus.

Auf 400 Quadratmetern finden Sie in diesem Geschäft von Sportbegeisterten für Sportbegeisterte auch jegliches Zubehör rund um die vertretenen Sportarten – etwa Schneebrillen, Achsen, Rollen, Actionkameras, Helme, Protection Ware, Snowboardbekleidung, schicke sportive Outfits für Damen und Herren und das passende Schuhwerk.

Surfen Sie von Surf'In auf den Brettern, die Ihnen die Welt bedeuten, hinaus ins sportliche Leben.

Adresse 83 Rue de Hollerich, L-1741 Luxembourg, Tel. +352/484849, www.surfin.lu, surfin@pt.lu | **Anfahrt** Hauptbahnhof Luxemburg (Züge in alle Richtungen) | **Öffnungszeiten** Di–Fr 10–19 Uhr, Sa 10–18 Uhr | **Tipp** Ein paar Häuser weiter entdecken Sie im »Partyshop« alles für Ihre Fete – von Partystrohhalmen und Geburtstagskerzen bis hin zum Kostüm.

100_Die Tasche

Heimat der Taschen-Chamäleons

Accessoires, die dem Outfit eine besondere Note verleihen, hat frau nie genug. Doch vor allem mehrere Taschen nehmen eine Menge Platz in Anspruch. Wäre es da nicht wunderbar, mit einer einzigen Tasche auszukommen, deren Design jedoch veränderbar ist?

Nachdem Sandra Westphal in ihrem Atelier zunächst nur Handtaschen auf Wunsch realisierte, begann die studierte Modedesignerin Modelle zu entwerfen, die sich dank Wechseldesign wie ein Chamäleon-Outfit, Stimmung oder Anlass anpassen. Auf unifarbene Handtaschen in verschiedenen Größen, Farben und Materialien können mittels Druckknöpfen diverse Designdeckel angebracht werden. Neben Leder stehen bei den Handtaschen viele verschiedene Stoffdeckel – mal mit Motiven bedruckt, mal kunstvoll bearbeitet – oder aber von Künstlern handbemalte und signierte Textilien zur Auswahl. Das Besondere: Jeden Deckel gibt es nur einmal. Wie wäre es beispielsweise mit einer schicken graublauen Handtasche, die eine farblich passende Phantasiegestalt ziert? Oder aber einer feuerroten Messenger Bag aus einer Lkw-Plane mit Fliegenpilz-Design, an dessen Stelle morgen vielleicht schon Blumen sprießen? Bei letzteren Modellen wird das Motiv einfach auf der Vorderseite eingeschoben. Neben den Motiven können auch die Gurte jederzeit ausgetauscht werden.

Sandra Westphal fertigte schon immer mit Vorliebe »kleine, überschaubare Dinge mit viel Fieselkram«. Bereits bei ihrer Diplomarbeit hat sie sich statt Kleidern Taschen gewidmet und unter dem Thema »Die Würze Indiens« Stücke aus hellem Jeansstoff sowie indischer Sari-Seide kreiert – die Farbpalette bestimmten Gewürze.

Findet sich vor Ort nicht die passende Tasche, lädt die Designerin gern ins Atelier ein. Aus unzähligen Materialien können sich Interessierte ihre Wunschtasche schneidern lassen und Ideen einbringen.

Mit den Chamäleon-Taschen können Sie Ihre Tasche stets wechseln und haben trotzdem Platz im Schrank.

Adresse Südallee 31, 54290 Trier, Tel. 0651/18093427, www.die-tasche.com, info@die-tasche.com | **Anfahrt** Bus 2, 30, 33, 81, 84, Haltestelle Stadtbibliothek | **Öffnungszeiten** Fr 10–19 Uhr und nach Absprache | **Tipp** Um die Ecke laden die Kaiserthermen zur ober- und unterirdischen Erkundung.

101__Tausendschön

Tausendfach umgarnt

Kaum ist man über die Türschwelle getreten, kommt man aus dem Tausendschön so schnell nicht wieder heraus. Denn bei jedem Schritt wird der Besucher einmal mehr umgarnt – von allen Seiten.

In liebevoll eingerichteten Räumen fühlen Sie sich wie zu Hause und erblicken Wolle und Garn, so weit das Auge reicht. Mal uni, mal kunterbunt, matt, mit Glitzerfäden, in intensiven Farben, knalligen Neonnuancen oder zarten Pastelltönen tummeln sich die Knäuel in Regalen, Schränken, auf Kommoden und Tischen. Natürlich finden Strickwütige im Tausendschön auch sämtliches Zubehör: von Strick- und Häkelnadeln, Maschenraffern oder Reihenzählern über Lesebrillen und Knöpfe – darunter Würfel, Lakritze, Königspudel, Schneemänner, goldene Rosen oder prächtige Blüten zum Annähen – bis hin zum Spinnrad, das sein Revival feiert.

Entspannt kann man hier zwischen Knäueln und Wollschafen auf Sofas Platz nehmen, Wolle begutachten, in einem der vielen Do-it-Yourself-Bücher schmökern und sich von Claudia Weyrich oder einer der Mitarbeiterinnen beraten lassen. Seit der Eröffnung 2004 verstricken sich bei Frau Wolle auch immer mehr Männer in dieses Thema. Die handgefärbte Hausmarke Tausendschön in den unverkennbar lebendigen wie facettenreichen Farbkombinationen erfreut sich großer Beliebtheit im deutschsprachigen Raum. Ebenso die mit Designerin Regina Satta herausgegebenen Strickmuster.

Doch was tun, wenn mann/frau gar nicht stricken, häkeln oder filzen kann, sich aber etwas Individuelles zum Anziehen, Zudecken, Über-die-Schulter-Hängen oder Dekorieren wünscht? Kein Problem. Zwischen, unter und über Wollknäueln stehen, liegen oder hängen tausendschöne Taschen, Kissen, Decken, Schals, Socken, Mützen, Geschirrtücher, Schürzen oder Schmuckstücke.

Von den tausend schönen Dingen in diesem wunderbaren Wohlfühl-Wollgeschäft lässt man sich nur allzu gern umgarnen. Aber Vorsicht: Verstrickungsgefahr!

Adresse Mainzer Straße 24, 66111 Saarbrücken, Tel. 0681/9880181, www.strickstduschon.de, mail@strickstduschon.de | **Anfahrt** Bus 105, 125, Haltestelle Paul-Marien-Straße; Saarbahn S 1, Haltestelle Landwehrplatz | **Öffnungszeiten** Mai–Aug. Mo, Di, Do und Fr 10–14 und 15–18 Uhr, Mi (Färbetag) geschlossen, Sa 11–14 (während der saarländischen Sommerferien Di–Do geschlossen), Sep.–April Mo–Fr 10–19 Uhr, Sa 10–14 Uhr | **Tipp** Eine Straße weiter können in der »Galerie K4« in der Karlstraße wechselnde tausendschöne Bilder bewundert werden. Anlässlich der Europäischen Kinder- und Jugendbuchmesse stellen dort weltweit bekannte Bilderbuchkünstler jeden Sommer Originalillustrationen ihrer Bücher aus.

102__Tee Stricker

Auf einen Tee beim King

In goldenen Lettern prangt sein Name an dem gläsernen Teepalast. Über diese Oase der Ruhe und Entspannung regiert Stefan Stricker, Saarbrückens King of Tea.

Sein Geschäft ist eines der wenigen Originale in der Europagalerie. Hier wird Tee nicht nur verkauft, sondern gelebt. Der Stricker begeistert mit über 800 erlesenen Sorten. Wenn er die Teedosen öffnet, werden sämtliche Sinne berauscht. Sein besonderer Service: Nicht nur Kunden, sondern auch neuen, unentschlossenen Teetrinkern werden gern ein paar unverbindliche Tassen zum Probieren aufgebrüht – standesgemäß verköstigt in dünnen runden Gläsern mit einer guten Portion Zeit.

Neben schwarzem, grünem, weißem oder gelbem Tee wartet der unendlich erscheinende Fundus aus aller Welt etwa mit Früchtetees – mal klassisch, mal säurearm –, Kräutermischungen, Gewürztee, Oolong, Eistee oder seltenen chinesischen Tees auf. Im Repertoire sind auch Sieger japanischer Teeolympiaden oder Matchapulver in unterschiedlichen Qualitäten vertreten. Ob Sie den Unterschied schmecken? Ganz besonderen Wert legt der Hausherr auf die Frische. So kann man Shinchas – die ersten Tees eines Jahres – schon kurze Zeit nach der Ernte im Saarland genießen.

Daneben finden Sie sämtliches Zubehör wie Matchaschalen, Bambuspinsel, gusseiserne Teekannen, die das Getränk besonders lange heiß halten, oder hauchdünne Teegläser, die den Geschmack nicht verfälschen. Wie wäre es zum Tee mit feinstem Kandis am Stiel, Blütenhonig oder zartschmelzenden Pralinen aus Österreich?

Wenn neue Kreationen eingetroffen sind, erhalten Stammkunden eine SMS, in der sie zur Tea Session geladen werden. Ob man sich über eine Einladung zum Tee bei der Queen in London oder bei Saarbrückens King of Tea mehr freuen sollte? Nun ja – bei Stefan Stricker finden Sie die größere Auswahl und amüsieren sich vermutlich mehr. Sie waren noch nie dort? Dann laden Sie sich doch einfach selbst ein.

Adresse Europa Galerie, Trierer Straße 1, 66111 Saarbrücken, Tel. 0681/94010983, teestricker@googlemail.com | **Anfahrt** Hauptbahnhof Saarbrücken (Züge in alle Richtungen) | **Öffnungszeiten** Mo–Sa 9.30–20 Uhr | **Tipp** Wenn Sie Tee Stricker wieder verlassen, können Sie in der Schlemmermeile der Europa Galerie sündigen.

103_Unikat

Einzigartige Mischung

Bei Unikat entdecken Sie Ketten aus unterschiedlichen Materialien. Doch ein Schmuckgeschäft ist es nicht. Hier finden sich kunstvolle Jacken und Westen aus Filz und Seide, auf denen bunte Blumen sprießen. Aber um eine Boutique handelt es sich nicht. Edle, dreieckige Notizbücher tummeln sich in Regalen. Jedoch ist das Unikat keine Papeterie.

An diesem Ort stoßen Sie auf eine facettenreiche, bunte Mischung kunstvoller Schätze. Unikat ist ein Zusammenschluss mehrerer Künstlerinnen: Schneiderin Ruth Schreiner entwirft oben genannte unverwechselbare Kleidungsstücke, Christine Meister Schmuck aus Tiffanyglas und anderen spannenden Materialien; Petra Mandernach hat sich dem Goldschmuck verschrieben und Anne-Ruth Schneider lässt individuelle Kleider aus modernen Stoffen entstehen. Bereits vor 30 Jahren haben sie zusammengefunden, nur die Jüngste stieß später hinzu.

Jede Künstlerin übernimmt an einem Wochentag den Ladendienst, an den übrigen Tagen werden besondere Stücke kreiert. Zusätzlich bieten viele regionale wie überregionale Künstler ihre Unikate an. Die Kreativität lässt sich in diesem Laden keine Grenzen setzen. Sie erblicken nicht einfach irgendetwas Gemaltes oder Gebasteltes, sondern einzigartige Dinge, bei denen man das Gefühl hat, sie nicht schon einmal so oder so ähnlich gesehen zu haben. Dinge aus Ton, Glas, Edelsteinen, Holz, Metall oder Filz, die jeweils nur einmal verfügbar sind. Genähte Karten gesellen sich zu beweglichen Stofftieren, Taschen in innovativen Formen, imposanten Tierstatuen aus bemaltem Ton, extravagantem Keramikgeschirr sowie Vasen, Originalen von Ausnahme-Illustratoren oder gepressten und mit Glas überzogenen Blüten an Colliers.

Bei diesem Angebot, das stetig wechselt, fehlt es weder an kleinen einfallsreichen Präsenten noch an ausgefallenen Glanzstücken. Ihnen darf es vor allem an einem nicht mangeln, wenn Sie das Unikat besuchen möchten: an Zeit.

Adresse Cecilienstraße 6, 66111 Saarbrücken, Tel. 0681/373313, www.unikat-saarbruecken.de, info@unikat-saarbruecken.de | Anfahrt Bus 101, 102, 103, 104, 106, 121, 122, Saarbahn S 1, Haltestelle Johanneskirche | Öffnungszeiten Di – Fr 10 – 13 und 14 – 18.30 Uhr, Sa 10 – 18 Uhr | Tipp Wenige Schritte weiter können Sie die neogotische Johanneskirche besichtigen. Als Teil des Projekts »City Kirche« finden hier regelmäßig Konzerte, Performances und Diskussionsrunden statt.

104_Unique

Gläserne Welten

In ihrer Glaswerkstatt mit angegliedertem Schau- und Verkaufsraum verbindet Britta Schreiber traditionelles Handwerk mit modernem Design.

Zwischen hohen Birkenstämmen und Pflanzen entdecken Sie Eulen, die in allen erdenklichen Farben leuchten, moderne Kränze mit auf die jeweilige Saison abgestimmtem Glasschmuck oder Flaschen, in deren Innerem kleine Glaswelten zu bestaunen sind. Außer Labor- und Hohlglas für industrielle Zwecke lässt Britta Schreiber Einzelstücke und phantasievolle Werke jeglicher Art entstehen. Neben technischem Borosilikatglas, das über hohe Hitzebeständigkeit und einen schönen Glanz verfügt, arbeitet die gelernte Glasapparatebauerin auch mit Weich- und Kristall-, Farb- sowie Tiffanyglas. Die Kreation ist sehr aufwendig. Farbglasfiguren etwa entstehen mittels Fusion. Hierbei werden zunächst alle Einzelteile als Schablone angefertigt, danach auf Glasplatten gezeichnet und ausgeschnitten. Nun legt Britta Schreiber alle Stücke aufeinander und übergibt sie dem Brennofen bei 800 Grad, wo sie kunstvoll miteinander verschmelzen.

Neben Figuren und Miniaturen, die in Flaschen angebracht werden, fertigt die Glaskünstlerin etwa Weingläser, in deren Stiel prächtige Tiere eingearbeitet werden, Pokale, persönliche Fotos aus Glas oder Glasstempel an. Wer etwas größere Arbeiten von Britta Schreiber bestaunen möchte, mag die Marienkirche in Neunkirchen aufsuchen: Hier ließ sie kunstvolle Weihwasserbecken entstehen.

Hin und wieder dürfen sich auch Kinder von fünf bis zwölf Jahren in der Werkstatt der Hausherrin austoben. In Workshops lernen sie Wissenswertes über das alte Handwerk des Glasblasens und können nach einer Schauvorführung ein selbst gestaltetes Kunstwerk formen.

Der Zauber der Glaskunstwerke bei Unique rührt nicht nur von dem Material, aus dem sie gefertigt wurden, oder der einzigartigen Gestaltung, sondern von der zauberhaften Verbindung aus beidem. Glasklar!

Adresse Hüttenbergstraße 39, 66538 Neunkirchen, Tel. 06821/9644550, www.unique-glaskunst-neunkirchen.de, info@unique-glaskunst-neunkirchen.de | **Anfahrt** Bus 302, 304, Haltestelle Bürgerhaus | **Öffnungszeiten** Di und Do 9–18 Uhr, Sa 9–14 Uhr | **Tipp** Bei »KunstLicht« in der Langenstrichstraße entdecken Sie außergewöhnliche Lampen und Leuchter.

105__VIF Weinhandel Roeder

Meisterlicher Weingenuss

Weißwein, Rotwein, Rosé, Schaum- und Barriquewein. Edle Tropfen aus Deutschland, Frankreich, Italien, Spanien, Südafrika, Australien, Argentinien, Neuseeland oder Chile. Darunter viele in Bioqualität. Frank Roeder hat sie alle. Er ist einer von deutschlandweit vier »Master of Wine« und der einzige mit eigenem Weinhandel. Die Ausbildung zum Master of Wine gilt als schwerste Weinprüfung der Welt, die nur etwa 30 Prozent aller Teilnehmer bestehen. In diesem Studium lernt der Begeisterte alles über Weinbau, Kellertechnik oder Vertrieb und muss blind degustierte Weine identifizieren können.

Frank und Anne Roeder waren auf jedem Weingut vor Ort, dessen Produkte sie führen. Um die Qualität der angebotenen Weine zu halten oder zu verbessern, verkostet der Hausherr mehrere Tausend Weine im Jahr blind. Es werden nur jene eingekauft, die seine sensorische Prüfung bestehen. Dies gilt auch für Jahrgangswechsel.

Keine Angst – um Qualitätsweine bei VIF zu kaufen, müssen Sie nicht all Ihre Ersparnisse ausgeben. Die meisten Tropfen sind zwischen fünf und zehn Euro angesiedelt. Sie können Weine außerdem probieren und auch Einzelflaschen erwerben. Für Weinverrückte finden sich im Repertoire des Meisters zudem einige Raritäten und Exotisches. Was die »Faszination Wein« ausmacht? »Die enorme Vielfalt an Rebsorten, die verschiedenen Produktionsmethoden sowie Geschmacksrichtungen, unzählige Aromen und deren Veränderbarkeit über die Jahre.«

VIF ist zu einer Institution für Weinkenner avanciert. Jeden Monat präsentiert Frank Roeder an einem anderen Ort der Welt den Wein des Monats in einem unterhaltsamen Video. Im alljährlichen WeinLeseKatalog verzeichnet er nicht nur die rund 700 lieferbaren Weine, sondern beschreibt jeden einzelnen und gibt eine Orientierung, wozu er schmeckt. Auch ein Kunstpreis wird darin ausgeschrieben.

Schnell verfallen Genießer VIF und den von Meisterhand ausgewählten Weinen.

Adresse Kreppstraße 6, 66333 Völklingen, Tel. 06898/27070, www.vif.de, info@vif.de | **Anfahrt** Bus 110, 180, 181, 183, 184, 186, 189, 190, Haltestelle Völklinger Markt | **Öffnungszeiten** Di–Fr 10–18.30 Uhr, Sa 10–14 Uhr | **Tipp** Um die Ecke lädt die Anlage des Schillerparks zum Spaziergang ein. In der Konzertmuschel finden im Sommer Open-Air-Konzerte statt.

106__Weinsinnig

in vino gustus

Seien Sie vor dem Betreten dieser Weinbar eindringlich gewarnt: Wenn Sie es zuvor nicht schon waren, könnten Sie hier weinsinnig werden!

»Das Leben ist zu kurz, um schlechten Wein zu trinken«, lautet die Devise der Sommelière Manuela Schewe. In ihrer Vinothek können Weinliebhaber abseits verstaubter Traditionen ganz ohne Anzug und Krawatte in legerem Ambiente exquisite Tropfen genießen. Von den Wänden prosten Frauen von modernen Gemälden ihrem Betrachter zu. Direkt um die Ecke erblickt man das weinsinnige Herzstück: »Die flüssige Offenbarung« ist eine begehbare, stets rotierende Weinkarte, auf der alle Sorten präsentiert werden, die das weinsinnige Team glasweise ausschenkt. Sobald ein Flaschenhalter leer ist, können Sie die Gelegenheit ergreifen und einen Wein hineinstellen, der für Sie gegen eine kleine Pauschale geöffnet wird – gern auch den edelsten.

Weinsinnig wartet primär mit Riesling aus der Moselregion auf. In der rundum geschmackvollen Vinothek lernen Sie alle Facetten des Rieslings kennen – von feinherb bis edelsüß. Insgesamt finden sich rund 100 Weine von 20 renommierten sowie neu entdeckten Weingütern. Natürlich können Sie jeden edlen Tropfen auch mitnehmen – genauso wie die cleveren Geschenkideen.

Nahezu täglich werden bei »Trink dir deine Meinung« fünf Weine unterschiedlicher Weingüter degustiert und kommentiert. Jeden ersten Mittwoch im Monat wird außerdem ein Winzer ins Fass gesteckt. Die Gäste müssen anhand von Hinweisen und einem ausgeschenkten Wein erraten, um wen es sich handelt. Dem Gewinner winkt ein weinsinniges Präsent. Im Anschluss dürfen Fragen gestellt werden. Auch Lea Linster oder Günther Jauch, der seit 2010 das Weingut »Von Othegraven« im rheinland-pfälzischen Weinort Kanzem betreibt, haben sich schon im Fass versteckt.

Wenn Sie weinsinnig werden möchten, nur zu: Der Weinsinn ist keine bedrohliche Erkrankung, sondern ein lebensversüßendes Gefühl.

Adresse Palaststraße 12, 54290 Trier, Tel. 0651/9790156, www.weinsinnig.com, info@weinsinnig.com | **Anfahrt** Bus 81, 84, Haltestelle Konstantin Basilika | **Öffnungszeiten** Di – Sa ab 11 Uhr | **Tipp** In der Nähe können Sie die filigrane Eleganz der 2011 wiedereröffneten gotischen Liebfrauen-Basilika bestaunen. Ihr Grundriss hat die Form einer griechischen Rose.

107_Weisenseel Metallbau

Stahlharte Schwenk-Kultur

Kaum haben Sie die saarländische Grenze überquert, können Sie damit rechnen, dass auf der Autobahn jemand mit einem »Schwenker am Lenker«-Heckscheibenaufkleber vor Ihnen fährt oder Sie in der Fußgängerzone auf einen einheimischen »SSI – Saarland Schwenk Instructor« treffen – zu erkennen an seiner Kleidung. Herzlich willkommen im Land der Schwenk-Kultur!

»Schwenken« meint das Grillen sämtlichen Grillguts, allen voran des Schwenkbratens (»Schwenker«) auf dem Schwenkgrill (ebenfalls »Schwenker« genannt) und gehört unumgänglich zum saarländischen Savoir-vivre. Die Schwenksaison beginnt alljährlich, sobald die ersten zarten Sonnenstrahlen die Wiesen streifen, und endet, wenn Regen und Frost das Schwenken einfach unmöglich machen. Das Schwenken nimmt auch einen großen Teil der Arbeit von Ralf Weisenseel ein. Der Bau- und Kunstschlosser verwirklicht Ihren Traum vom perfekten Schwenkgrill – mal klein, mal groß, immer aus hochwertigem Edelstahl und auf Wunsch inklusive passendem Bierflaschenhalter und unverzichtbarem Grillbesteck, gern auch personalisiert. Sie suchen einen Grill, bei dessen Anblick jeder andere Schwenker (in diesem Fall »der Grillmeister«) vor Neid erblasst? Wie wäre es mit einer schwarz-roten Lokomotive auf Schienen, die Ihr Grillgut erhitzt?

Doch auch Kerzenständer, Windspiele, Briefkästen, Tannenbäume, die man mit Zweigen dekorieren kann, Verzierungen für Terrassen, Geländer und jegliche anderen Kunstwerke aus Metall fertigt der Hausherr an – samt Treppe oder Balkon. In Werkstatt und Hof erblühen etwa rote und blaue Rosen neben Spinnen, die an metallenen Netzen hinaufkrabbeln. An diesem Ort können Sie das Fundament einer erfolgreichen Schwenk-Karriere bilden oder mit einem beeindruckenden persönlichen Metallobjekt bei Ihren Liebsten Eindruck schinden. Vielleicht schwenken Sie schon morgen als Schwenker den Schwenker auf Ihrem neuen perfekten Edelstahlschwenker.

Adresse Gehlenbrunnenstraße 19, 66333 Völklingen, Tel. 06898/295109, Mobil 0175/3494130 | **Anfahrt** Bus 186, Haltestelle Wehrden Denkmal | **Öffnungszeiten** nach Absprache | **Tipp** Im »Bistrorante Romantik« finden Sie ein paar Straßen weiter in der Kleinen Bergstraße zwar nichts vom Schwenker, aber feinste Steinofenpizzen und Pastakreationen.

108__Winefactory

Geistiges und blaue Wunder

Eisblau leuchtet es von der hölzernen Theke und zieht die Blicke auf sich: jenes Szenegetränk, das in Saarbrücken das Licht der Welt erblickte. Seine Schöpfer Denis Reinhardt und Erik Wimmers mischten dem dreifach destillierten Wodka »Dreyberg« eine erfrischende Mixtur aus Minze, Eukalyptus, Zitrone und Edelweiß bei. Der Geschmack des »Liquid Edelweiß« erinnert an Eisbonbons. Das blaue Wunder kann als Shot genossen werden, verleiht aber auch Prosecco, Limonade oder Sorbet nicht nur optisch das gewisse Etwas. Im Nu eroberte der Dreyberg neben der Heimat Mallorca und Thailand.

Auch der »Ferdinand's Saar Dry Gin«, ein Gemeinschaftsprodukt von drei Kennern, blieb nicht lange ein Geheimtipp. Der erste Gin aus dem Saarland beinhaltet eine Infusion mit Riesling von Trauben des Weinguts Zilliken aus Schiefer-Steilhängen der großen Lage Saarburger Rausch. Gebrannt wird er in der Avadis Distillery bei Saarburg unter Zugabe von dreißig aufeinander abgestimmten Kräutern, Früchten und Gewürzen – etwa Mandel, Pfeffer, Bergamotte, Lavendel oder Weinbergpfirsich. Das Berliner Direktorenhaus präsentierte das durch und durch saarländische Produkt sogar in seiner internationalen Ausstellung über »herausragende deutsche Manufakturarbeiten«.

Die Winefactory wartet aber nicht nur mit Eigenkreationen auf. Genießer entdecken eine große Auswahl internationaler Spitzenweine und regionaler Rieslinge – darunter edle Tropfen aus dem Hause goldkind oder Weine von Günther Jauchs Weingut Von Othegraven im pfälzischen Kanzem. Neben Weinraritäten von Versteigerungen oder aus besonderen Kellern tummeln sich Spirituosen – von Edelbränden über Wodka und Gin bis zu Rum oder Whiskey – sowie besondere Limonaden und Tonics.

Mit einem spießig-erhabenen Weinkeller hat die Winefactory nichts gemein. Hier herrscht eine lockere Lageratmosphäre. Bar, Workshops oder Events wirken ginspirierend auf die Besucher.

Adresse Bleichstraße 3a, 66111 Saarbrücken, www.winefactory.de, reinhardt@capuletandmontague.de | **Anfahrt** Bus 126, 128, R9, R10, STB 1, Saarbahn S1, Haltestelle Landwehrplatz | **Öffnungszeiten** Sa 10–16 Uhr | **Tipp** Vor oder nach dem Weingenuss können Sie sich um die Ecke am Schillerplatz ein Stück im Staatstheater anschauen.

109__Woll Restaurant

Vom deutsch-französischen Frieden

Eine Kanonenkugel schlägt auf dem Boden ein und hinterlässt eine riesige Rauchwolke. Bewaffnete Männer in Uniform hoch zu Ross oder zu Fuß bewegen sich auf die gegnerischen Truppen zu. Ihr Blick ist ernst.

Doch die Beobachter können aufatmen: Statt Toter werden am Ende Speis, Trank und harmonisches Beisammensein zelebriert. Alle zwei Jahre avanciert das ehemalige Schlachtfeld auf den Spicherer Höhen, wo am 6. August 1870 während des Deutsch-Französischen Krieges etwa 1.000 Soldaten ihr Leben ließen, zum Schauplatz dieses Spektakels, das mehrere tausend Menschen herbeizieht. Vor dem Restaurant Woll kann man die heute freundschaftliche Schlacht an einem Ort des vereinten Europas mitverfolgen, die symbolisch mit einer Versöhnung endet. Die Truppen haben ihre Zelte nebeneinander aufgeschlagen.

Doch nicht nur im August, auch zu anderer Zeit herrscht reges Treiben. Kein Wunder, denn »beim Woll« kann man dem saarländischen Landesmotto »Gudd gess« auf Französisch frönen. In dem alten Lothringer Gasthaus entfaltet sich der ganze Charme der traditionellen französischen Küche. Das kulinarische Repertoire reicht von Quiche Lorraine und Flammkuchen – mal klassisch mit Zwiebeln und Speck, mal in vegetarischer Variante mit frischem Schafskäse und Tomaten – über Fisch- und Fleischgerichte bis hin zu französischen Delikatessen wie Schnecken oder Froschschenkeln. Dazu ein passender Wein? Und zum Dessert eine Käseplatte oder ein Krokant-Parfait? Oder Spezialitäten zum Mitnehmen?

Das Restaurant Woll besteht bereits seit 1897 und war das erste Gasthaus in Spichern. An den Wänden kann man die Entwicklung auf Bildern verfolgen. Die großen familienfreundlichen Holztische laden zum Wohlfühlen ein. Im Sommer kann man sich im Biergarten niederlassen und unter alten Kastanien die Aussicht genießen. Meist erklingt an diesem Ort eine Vielzahl von Sprachen – wenn hier der Frieden mal nicht gelungen ist.

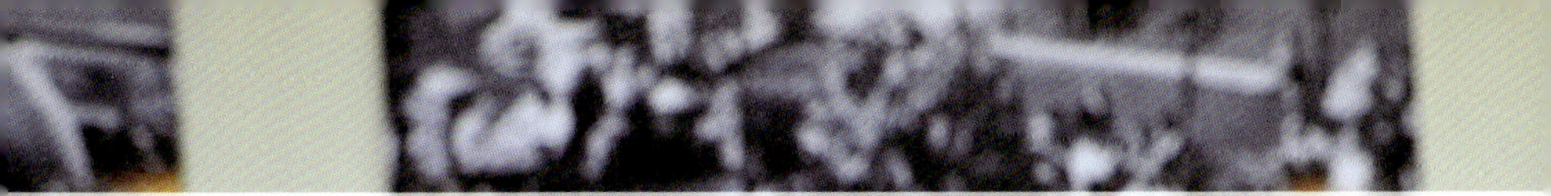

Adresse 80 Rue des Hauteurs, F-57350 Spicheren, Tel. + 33/387853102, www.restaurant-woll.com, info@restaurant-woll.com | **Anfahrt** Autobahn A 620 Richtung Saarbrücken, Ausfahrt Messegelände, dann der L 273 folgen, am Ende rechts abbiegen in Metzer Straße, nach 200 Metern links auf die Straße »Zum Zollstock« abbiegen, noch einmal links abbiegen | **Öffnungszeiten** Di ab 17 Uhr, Mi – So ab 11.30 Uhr durchgehend geöffnet | **Tipp** Um das Restaurant herum finden sich viele Denkmäler. Ganz in der Nähe lockt zudem der Deutsch-Französische Garten, wo Sie nicht nur den Ehrenfriedhof auf sich wirken lassen, sondern auch durch große Parkanlagen flanieren und eine Runde Zug oder Seilbahn fahren können.

110__Der Zauberladen

Manege frei

Hereinspaziert, hereinspaziert! Der Zauberladen entführt Sie in die Welt des Zirkus und Theaters. Entdecken Sie allerlei zauberhafte Dinge und unglaubliche Zauber.

Beim Betreten können angehende und professionelle kleine wie große Magier oder Artisten Zirkusluft schnuppern und Utensilien entdecken, die beim Zaubern oder Vorführen hilfreich sind. Direkt neben der professionellen Schminke finden sich Hüte, aber auch Scherzartikel wie falsche Nasen. Zauberhaft ist ebenfalls die Mischung von speziellen Artikeln und Dingen des Alltäglichen, die Besucher über regionale Grenzen hinweg in das kleine feine Geschäft lockt. Zu rund 30 Sorten Jonglierbällen, Feuerkeulen, Hochrädern oder hochwertigen Handpuppen gesellen sich in dem 1999 von Elke Hoffmann-Argast und dem Spiel- wie Theaterpädagogen Herbert Loskill gegründeten Zauberladen etwa Bastelmaterial, Geschenke und eine Auswahl schöner Stoffe für Kostüme.

Aber natürlich dürfen auch die Zaubertricks nicht fehlen! Da gibt es die einfachen, welche für alle Besucher zugänglich sind – darunter leichte Verschwindezauber. Doch fragt der Profi nach geheimen Tricks, die einem Ehrencodex unterliegen, so wird erst geprüft, ob er deren würdig ist. Ist er es, darf er der Aufsichtsperson unauffällig in einen kleinen Raum hinter der Kasse folgen, in dem sich mystische alte Koffer mit geheimen Tricks befinden.

In dieser bunten Manege werden Sie stets verzaubert. Aber passen Sie auf, dass Sie etwa beim Anblick der Miniaturkarusselle nicht über einen XXL-Schuh stolpern, den ein Clown vergessen hat!

Wollen Sie mit Ihrer Schule oder einer Gruppe einen Zirkus veranstalten? Der Zauberladen macht es möglich: Neben Zirkuszelten von acht oder zehn Metern werden hier auch Seifenblasenmaschinen, Spiderwände oder Jonglierkisten für Gruppen verliehen.

Also worauf warten Sie? Kommen Sie näher, treten Sie ein!

Adresse Im Sauerbrod 24, 66123 Saarbrücken, Tel. 0681/9388948, www.derzauberladen.de, info@derzauberladen.de | **Anfahrt** Bus 125, Haltestelle Im Sauerbrod | **Öffnungszeiten** Di–Fr 10–12.30 Uhr, Di, Do, Fr 16.30–19 Uhr, Sa 10–13 Uhr (veränderte Öffnungszeiten in den Schulferien) | **Tipp** In der Nähe können Sie im Wildpark Saarbrücken rund 120 Wild- und Haustierarten wie Greifvögeln und Eulen einen Besuch abstatten. Auf dem Weg dorthin wartet der »Abenteuerpark Saar« mit seinem Waldhochseilgarten mit Attraktionen auf.

111_Die Zwiwwel

Das kleine Museum

Mitten in Blieskastel können Sie einen der ältesten Tabakwarenläden Deutschlands entdecken. In dem ehemaligen Kolonialwarenladen, der seit 1880 durchgehend in Betrieb ist, kauften Soldaten während des Ersten Weltkrieges Tabak, bevor sie nach Frankreich zogen. Weder Interieur, Decke noch Fußboden des denkmalgeschützten Hauses wurden seither verändert, und auch die Registrierkasse von 1896 blitzt unangekränkelt.

Mit der Originaleinrichtung haben Andreas Burger und seine Frau 2010 zahlreiche Pfeifen übernommen, die seit dem 19. Jahrhundert nicht mehr hergestellt werden. Alle zu benennen – unmöglich. Doch schon ein kurzer Blick lässt erahnen, welche Unikate sich hinter schweren Glasscheiben auftun: Pfeifen aus gebranntem Ton, die nicht durchbrennen, gesellen sich zu Stücken aus Meerschaum; handgeschnitzte kleine Kunstwerke aus Indonesien zu besonderen Anfertigungen, die Gesellen vor langer Zeit zur Meisterprüfung einreichten. Auch Damenpfeifen, die seit dem Zweiten Weltkrieg nicht mehr hergestellt werden, treffen Freunde des Paffens hier an. Dabei ist die Historie der Raritäten fast noch spannender als jene des Ladens.

Wenn Frauen in der Zwiwwel eine Pfeife für ihren Mann kaufen möchten, erhalten sie jedoch nur einen Gutschein. Die Entscheidung soll der Beschenkte selbst treffen – denn: »Eine Pfeife ist wie ein junges Mädchen, man muss sich verlieben. Man kann jemand anderem auch keinen Partner aussuchen.«

Das Repertoire von 600 Pfeifen, 450 Tabaksorten und 10.000 Feuerzeugen umfasst auch die ältesten Benzin- wie Gasfeuerzeuge und Restbestände von »Rothfuchs« oder »Schwarze Hand«. An den (modernen) Pfeifentabaken darf vor dem Kauf herzhaft geschnuppert werden. Sie möchten wissen, warum die Zwiwwel so heißt oder was es mit den dunkelgrünen Pfeifen auf sich hat? Immer, wenn das Licht brennt, weiht Sie der Hausherr gern in die Geheimnisse dieses Fleckchens Geschichte ein.

Adresse Kardinal-Wendel-Straße 20, 66440 Blieskastel, Tel. 06842/7082156, www.facebook.com/DieZwiwwel, andreasburger@t-online.de | **Anfahrt** Bus 501, 506, 547, 551, Busbahnhof Blieskastel | **Öffnungszeiten** Mo–Fr 9–12 und 15–18 Uhr, Sa 9–14 Uhr | **Tipp** Um die Ecke können Sie im »Postillion« gut essen, Weine genießen und gleich einen erholsamen Aufenthalt buchen.

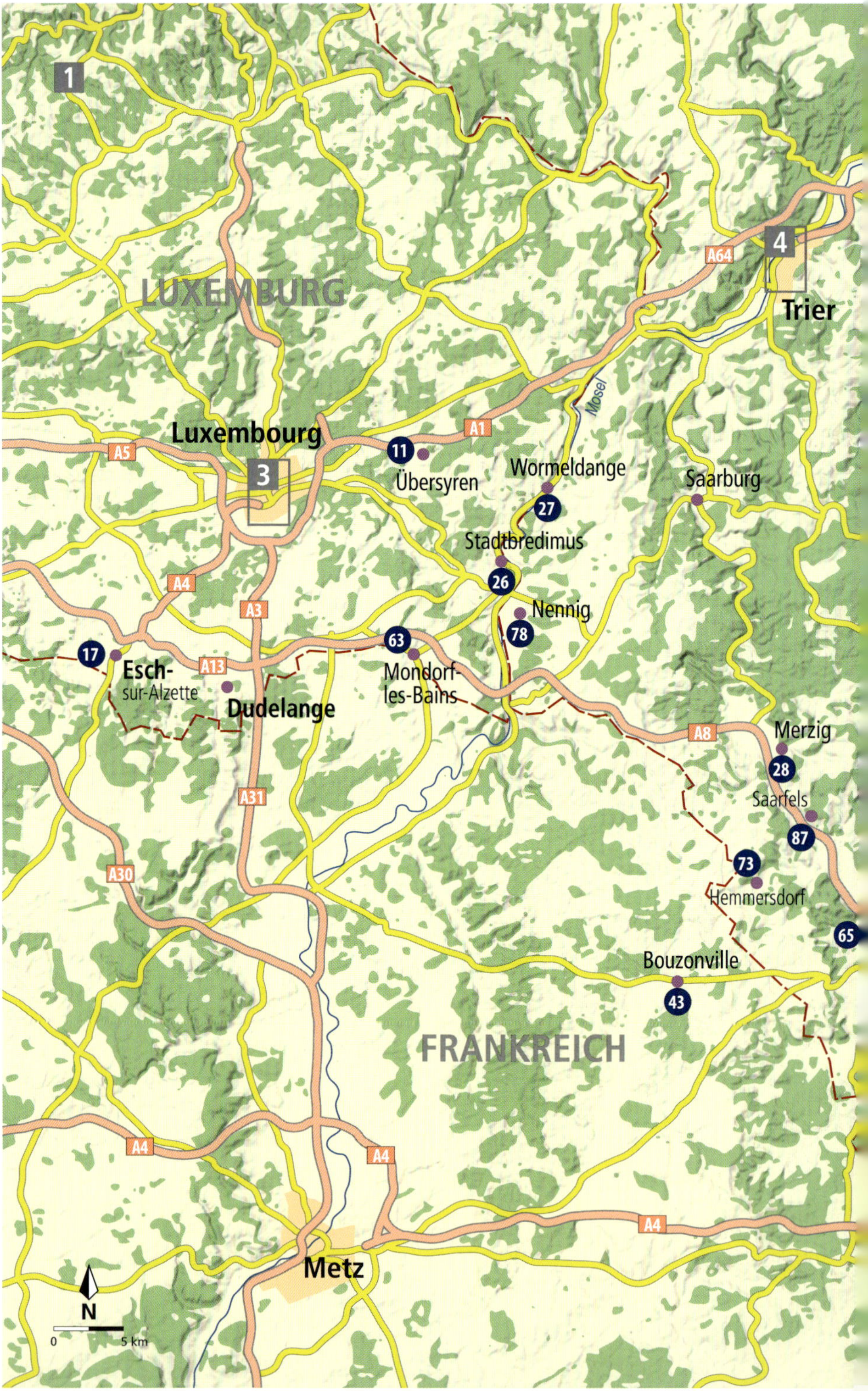
1
LUXEMBURG
4
A64
Trier
Mosel
A1
Luxembourg
A5
3
11
Übersyren
Wormeldange
27
Saarburg
Stadtbredimus
26
Nennig
78
A4
A3
17
63
Esch-
sur-Alzette
A13
Dudelange
Mondorf-
les-Bains
A8
Merzig
28
Saarfels
87
A31
73
Hemmersdorf
A30
65
Bouzonville
43
FRANKREICH
A4
A4
A4
Metz
N
0
5 km

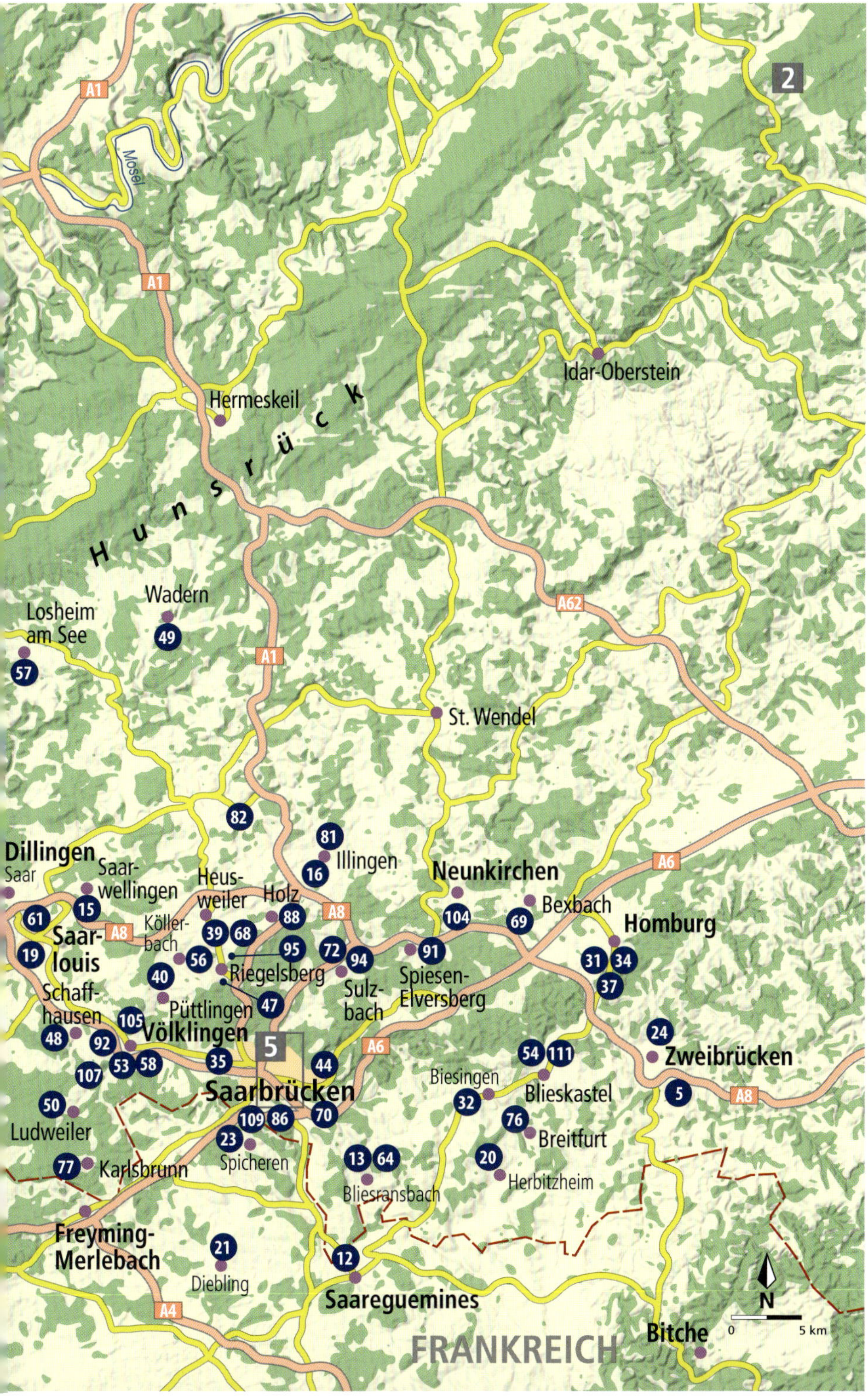
2
A1
Mosel
Hunsrück
Hermeskeil
Idar-Oberstein
Wadern
49
Losheim am See
57
A62
St. Wendel
82
81
Illingen
16
Dillingen
Saar
Saar-wellingen
15
61
19
Saar-louis
A8
Köller-bach
Heus-weiler
Holz
88
39
68
95
56
40
Riegelsberg
72
94
Sulz-bach
47
Püttlingen
Schaff-hausen
48
92
105
Völklingen
53
58
107
35
5
44
Neunkirchen
Bexbach
104
69
91
Spiesen-Elversberg
A6
Homburg
31
34
37
24
Zweibrücken
54
111
Biesingen
Blieskastel
32
76
Breitfurt
20
Herbitzheim
Saarbrücken
109
86
70
23
Spicheren
13
64
Bliesransbach
50
Ludweiler
77
Karlsbrunn
Freyming-Merlebach
21
Diebling
12
Saareguemines
A4
FRANKREICH
Bitche
N
0
5 km

3
Côté d'Eich
Avenue de la Porte-Neuve
PFAFFENTHAL
Alzette
VILLE-HAUTE
LUXEMBOURG
GRUND
Boulevard Royal
Boulevard Grande-Duchesse-Charlotte
Avenue Monterey
Avenue Marie-Thérèse
Avenue de la Liberté
Avenue de la Gare
GARE
Route d'Esch
Rue de Strasbourg
Rue de Hollerich
HOLLERICH
75
51
96
10
8
9
79
99
N
0
200 m

4
TRIER-NORD
Bonner Str.
Ascoli Piceno Straße
3
Nordallee
Simeonstraße
1
TRIER
106
29
Ostallee
Neustraße
Stresemannstr.
52
38
98
Hindenburgstr.
Mosel
Krahnenufer
Aachener Straße
Kaiserstraße
100
Südallee
Ostallee
Olewiger Straße
St.-Barbara-Ufer
Saarstraße
TRIER-SÜD
N
0
200 m

5
RODENHOF
MALSTATT
AM HOMBURG
Dudweiler Landstraße
110
42
Trierer Straße
102
6
Saar
60
A620
18
55
SAARBRÜCKEN
ALT-
SAARBRÜCKEN
Egon-Reinert-Straße
89
90
45
Mainzer Straße
46
67
Metzer Straße
6
2
Feldmannstraße
A620
Saar
25
SANKT ARNUAL
74
N
0
350 m

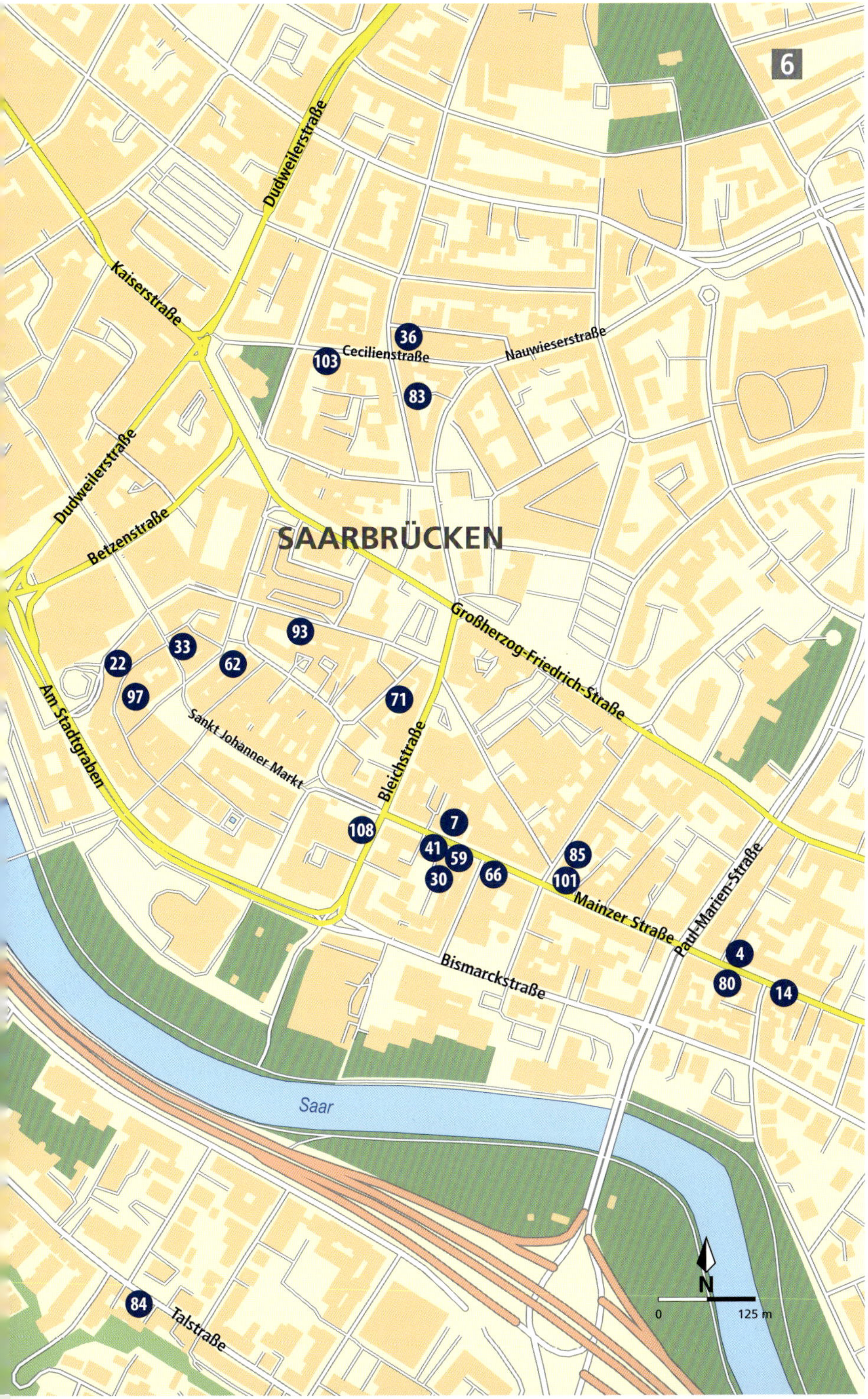
6
SAARBRÜCKEN
Dudweilerstraße
Kaiserstraße
Cecilienstraße
Nauwieserstraße
Dudweilerstraße
Betzenstraße
Großherzog-Friedrich-Straße
Sankt Johanner Markt
Am Stadtgraben
Bleichstraße
Mainzer Straße
Paul-Marien-Straße
Bismarckstraße
Saar
Talstraße
N
0
125 m
36
103
83
93
33
22
62
97
71
7
108
41
59
30
66
85
101
4
80
14
84

Alexandra Brücher-Huberova
111 GESCHÄFTE IN MÜNCHEN, DIE MAN ERLEBT HABEN MUSS
ISBN 978-3-95451-204-1

Peter Gitzinger
111 ORTE IM SAARLAND, DIE MAN GESEHEN HABEN MUSS
ISBN 978-3-89705-709-8

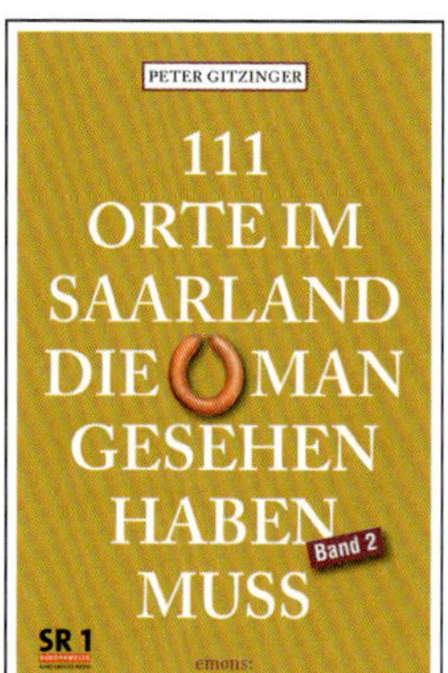

Peter Gitzinger
111 ORTE IM SAARLAND, DIE MAN GESEHEN HABEN MUSS | BAND 2
ISBN 978-3-89705-886-6

Sandra Rauch, Julia Seuser
111 GESCHÄFTE IN NÜRNBERG, FÜRTH UND ERLANGEN, DIE MAN ERLEBT HABEN MUSS
ISBN 978-3-95451-457-1

Patricia Schmidt-Fischbach, Ralph Bergel
111 GESCHÄFTE IN BERLIN, DIE MAN ERLEBT HABEN MUSS
ISBN 978-3-95451-334-5

Dagmar Sippel
111 GESCHÄFTE IN PARIS, DIE MAN ERLEBT HABEN MUSS
ISBN 978-3-95451-458-8

Die Autorin

© Sabine Müller

Kristina Scherer lebt als Lektorin und Journalistin im Saarland, wo sie vor allem über kulturelle Themen berichtet und gerne außergewöhnliche Menschen und interessante Läden aufspürt. In ihrer Freizeit schreibt die Autorin Geschichten für Kinder. Ihr erstes Bilderbuch wurde mit einem regionalen Autorenpreis ausgezeichnet.

Der Fotograf

Frank Siegwarth machte sein Hobby, das er schon als Kind pflegte, zur Profession. Viele seiner Fotos sind im Bereich wild life und in der Eventfotografie angesiedelt, was immer wieder zu Veröffentlichungen in Print- und digitalen Medien führt.